Laurent Ballesta, Jean-Louis Étienne,
Luc-Henri Fage, Patrice Franceschi,
Philippe Frey, Sabrina Krief,
Bertrand Piccard, Sylvain Tesson

REPOUSSER LES LIMITES

Sur terre, en mer et jusque dans l'espace

Préface d'Olivier Archambeau

Robert Laffont

ISBN : 978-2-221-27944-1
Dépôt légal : septembre 2025
Éditions Robert Laffont – 92, avenue de France, 75013 Paris
contact@robert-laffont.com

Préface

L'exploration du globe terrestre a longtemps été perçue comme une grande épopée, menée de main de maître par des héros admirables, dont les principales qualités étaient le courage, la persévérance et la volonté farouche de partir à l'aventure, au-delà des horizons connus. Cette représentation quasi caricaturale convenait parfaitement aux temps pas si lointains où les peuples voyageaient peu et considéraient que « l'ailleurs » et « l'étranger » commençaient parfois au-delà de la première montagne, de la première grande forêt ou de la première étendue d'eau importante, réputée infranchissable.

Les livres d'histoire ont perpétué cette image, se référant généralement à la période des grandes découvertes de la fin du XVe siècle pour illustrer l'idée d'exploration et la figure de l'explorateur. Rien d'étonnant, donc, à ce que Christophe Colomb ou Fernando de Magellan incarnent encore aujourd'hui l'archétype de ces personnages. Les grandes expéditions scientifiques du XVIIIe siècle, menées par Louis-Antoine de Bougainville ou James Cook, n'ont pas davantage modifié cette forme d'hégémonie représentative de l'exploration et de ses acteurs. Si les voyageurs, tout à la fois explorateurs et savants, tels Alexandre de Humboldt ou Charles Darwin pour ne citer qu'eux, ont donné leurs lettres de noblesse aux grands périples scientifiques du XIXe siècle, l'image traditionnelle de l'exploration reste intimement liée à la notion de territoire. Les explorateurs ont dessiné les continents, tracé les frontières de pays souvent conquis à l'occasion, affirmé la souveraineté des nations qui les envoyaient en érigeant ports et places fortes, et recensé les richesses de ces nouveaux mondes. On n'oubliera pas de souligner à ce propos que les « terres inconnues » des Européens ne l'étaient bien évidemment pas pour les habitants de ces régions. Une évidence qui rappelle que l'exploration est aussi une question de temporalité, de point de vue et de regard.

Au début du XXe siècle, les dernières taches blanches disparaissent progressivement des planisphères. La conquête des pôles achève de compléter les cartes et l'apogée de l'exploration du « système Terre » est atteinte en 1969 avec la mission Apollo 11 et l'alunissage de Neil Armstrong et Buzz Aldrin. Pour preuve, les deux Américains plantent le drapeau des États-Unis sur la Lune et laissent leurs empreintes dans le régolithe, cette fameuse poussière météoritique comparable à de la cendre qui recouvre notre satellite. Cette aventure lunaire clôt un cycle, celui du lien étroit entre exploration et conquête territoriale.

Pour certains, l'histoire de l'exploration et des explorateurs s'arrête donc naturellement à cette période. Il n'y a plus de *terra incognita*, il n'y a donc plus d'exploration possible et par voie de conséquence, plus d'explorateurs. Voilà une affirmation bien hâtive. De surcroît, c'est bien mal connaître la nature humaine.

Cette manière classique d'aborder l'exploration, celle qui mêle étroitement la volonté des États à l'initiative individuelle, est en vérité fortement réductrice. Pour mieux comprendre les rapports entre les êtres humains et l'exploration, il vaut mieux observer les hommes et les femmes qui ont été les acteurs de cette aventure plurimillénaire et pluridisciplinaire. Une autre histoire se dessine alors, moins convenue, plus humaine et plus personnelle. Une conception différente de l'exploration peut ainsi s'imposer, plus vaste, plus englobante, plus empathique envers les hommes et les territoires de la planète. Plus scientifique et littéraire aussi ; en un mot, plus universelle. Derrière les violences et les soubresauts de l'Histoire, on découvre des hommes et des femmes qui ont traversé le monde par passion. Passion pour le progrès scientifique et l'exploit technique, pour la rencontre d'autres groupes humains ou plus simplement pour l'aventure et l'inattendu. Des chefs vikings qui touchent le golfe du Saint-Laurent vers l'an 1000 aux Anglais qui cherchent désespérément les sources du Nil dans les années 1850, des aventurières du XIXe siècle aux pionniers de l'aviation, des archéologues aux écrivains voyageurs, des premiers plongeurs sous-marins aux astronautes, tous ont trouvé au plus profond d'eux-mêmes la force et la volonté de s'extraire de leur lieu de vie et de leurs habitudes pour aller affronter l'inconnu, qu'il soit physique ou intellectuel. Ce faisant, tous ont choisi le sens de leur existence.

Jean Rouch, grand amoureux de l'Afrique et très certainement le plus célèbre des cinéastes ethnologues français, expliquait souvent aux jeunes générations que chacun d'entre nous avait le choix de construire la part d'histoire unique, brève et fragile qui lui était offerte. Il leur disait alors : « J'ai choisi le chemin de la brousse, celui qui mène à la liberté. » Le puissant désir de faire de sa vie une aventure semble donc être le premier véritable trait commun à tous les explorateurs. Un beau slogan, qui demande dans la « vraie vie » beaucoup d'efforts, de persévérance, d'abnégation et parfois aussi de renoncements. Le deuxième trait commun, contrepartie du premier, est qu'il faut savoir accepter une certaine part de risque. Un risque calculé bien sûr, qui fera de l'exploration imaginée puis réalisée une entreprise aux limites du possible. C'est à ce prix que viendront alors, sans aucun doute, l'adrénaline et le sel de la vie. La part de risque peut également être intellectuelle. Sortir des sentiers battus, être pionnier en son domaine, revient souvent à être en désaccord avec les grands poncifs et la bien-pensance de son époque, aussi bien sur les interrogations sociétales que sur les choix technologiques audacieux ou les questions de recherche scientifique. Il faut donc aussi être prêt à assumer une forme d'originalité. Enfin, les explorateurs ne seraient que de simples voyageurs s'ils ne possédaient pas un troisième trait commun : la nécessité de partager avec la société tout entière leurs découvertes, leurs exploits et leurs aventures. C'est là, certainement, leur principale raison d'être, leur apport collectif à l'humanité et au progrès.

De l'avènement du premier milliard d'êtres humains sur terre dans les années 1840 aux plus de huit milliards d'aujourd'hui, la planète a vu sa surface se modifier, s'aménager, se transformer radicalement. De manière concentrée dans les grandes métropoles ou diffuse dans les campagnes ou les environnements plus difficiles d'accès, les hommes ont peu à peu colonisé la plupart des terres émergées. Si les densités et les modes de vie varient, la présence humaine a constamment et de plus en plus violemment modifié les équilibres naturels et les écosystèmes. C'est l'émergence d'une nouvelle ère sur terre, celle que les scientifiques ont nommée *anthropocène* : la première période de l'histoire de notre planète où une espèce vivante – nous en l'occurrence – est devenu suffisamment puissante pour agir sur les grands équilibres physiques et environnementaux. Et de fait, il suffit de voyager et de regarder le plus objectivement possible les paysages contemporains des six continents pour constater que, depuis presque deux siècles, les humains mettent une énergie toute particulière à détruire systématiquement leur cadre de vie et les mondes vivants qui les entourent. Pendant ce temps et à une autre échelle, notre planète âgée de 4,5 milliards d'années déploie une énergie qui ne faiblit pas. Typhons et ouragans dévastateurs, activités volcaniques, violentes inondations, sécheresses, froids intenses ou chaleurs extrêmes prouvent l'existence de dynamiques telluriques, marines et atmosphériques plus que jamais à l'œuvre. La Terre a, pour le moment, la courtoisie de garder ces soubresauts dans des limites acceptables pour la vie humaine, même si nous savons que dans les centaines de millions d'années qui viennent, la planète se reconfigurera, avec ou sans nous. Il y aura d'autres glaciations, d'autres réchauffements, d'autres bouleversements climatiques. Sous l'action de facteurs exogènes, l'orbite et l'axe de rotation de la Terre évolueront et les actions conjuguées d'une géodynamique et d'une tectonique des plaques active redessineront la géographie des continents que nous connaissons. Il faut s'y résoudre, nous sommes bien les hôtes éphémères d'une planète en perpétuel mouvement.

Toutefois, les cinq extinctions massives du vivant qui ont eu lieu avant nous sont le plus souvent d'origine extraterrestre. La chute de l'astéroïde de plus de 10 kilomètres de diamètre à l'origine du cratère de Chicxulub près de l'actuelle péninsule du Yucatan au Mexique est là pour le rappeler. C'est lui qui, en percutant la Terre il y a 65 millions d'années, accéléra la fin des dinosaures et de quantités d'autres espèces. Mais aujourd'hui donc, pour la première fois dans l'histoire de l'humanité, les habitants de cette Terre se retrouvent les acteurs d'une situation inédite. Partout sur la planète, confrontée à de nouveaux problèmes vitaux et à différentes modifications de ses conditions de vie – de la raréfaction de la ressource halieutique à la déforestation massive en passant par la lente montée des eaux ou l'accroissement de la température moyenne de contrées déjà très chaudes –, l'espèce humaine prend douloureusement conscience de son extrême fragilité. Et, même si les deux problématiques sont liées, le risque majeur pour l'espèce humaine est moins la modification des climats que la destruction massive et déjà très avancée de la biodiversité. Sans préservation de celle-ci, il n'y a pas d'adaptation possible, et tous les milieux sont concernés.

Dans ce nouveau monde, les explorateurs repartent observer le réel et mettent en lumière les véritables enjeux en rapportant du terrain de nouvelles découvertes, de nouvelles visions. Aux intersections des milieux physiques, des études scientifiques, de l'ethnologie, de la littérature de voyage et de l'aventure humaine, le rôle de l'exploration réapparaît comme une évidence. Pour illustrer cette exploration contemporaine, nous avons choisi huit témoins, tout entiers dévoués à leur recherche ou habités par l'art d'arpenter et de raconter la Terre. Huit explorateurs et exploratrice qui ont choisi de partager dans cet ouvrage collectif leurs expériences de vie. À bonne distance des contradictions de nos sociétés modernes, chacun de ces personnages livre avec authenticité les secrets de ses aventures, au cœur des milieux qu'il affectionne.

Voyage au centre de la Terre est le seul roman de Jules Verne que le génie humain n'a toujours pas, et loin s'en faut, réussi à rendre réel. Pourtant, certains explorateurs comme Luc-Henri Fage consacrent leur vie au monde souterrain et les moissons de découvertes qu'ils rapportent à la surface ne laissent pas d'étonner. Rivières au débit impressionnant qui coulent à des centaines de mètres sous nos pieds, cavités immenses où pourraient se loger les plus grandes cathédrales gothiques, somptueuses peintures, témoins de la sensibilité artistique de nos ancêtres, il reste dans les ténèbres des profondeurs de la Terre un monde à découvrir.

En surface, essaimés tout autour du globe entre les deux tropiques, les déserts sont des lieux *a priori* inhospitaliers, mais surtout méconnus. Pourtant, traversés depuis la nuit des temps par les caravanes de dromadaires en Afrique ou de chameaux en Asie, ces espaces ont été les révélateurs de l'adaptation humaine. Philippe Frey étudie les peuples qui y vivent en nomades depuis des siècles. Les hommes du désert seront peut-être les architectes des oasis de demain, ceux qui donneront les clefs de la résilience face à l'augmentation des températures.

L'exploration a également toute sa place au cœur des grandes forêts tropicales. Menacées par le défrichement systématique pour favoriser l'élevage, les plantations industrielles (dont les fameux palmiers à huile) ou l'exploitation du bois, ces jungles et forêts primaires sont pourtant des pièces maîtresses dans le jeu de notre équilibre atmosphérique. Les recherches de Sabrina Krief montrent combien la diminution de leur surface entraîne la disparition des habitats de certaines espèces, exposées à un danger mortel. Alors que les grandes forêts n'ont pas encore livré tous leurs secrets, leur réduction risque également de causer l'extinction d'espèces encore inconnues des hommes. Une perte définitive pour le futur de notre humanité.

Au cœur de ces forêts coulent les rivières et les fleuves. Parmi ces derniers, l'Amazone est le plus long, le plus puissant et, certainement, le plus majestueux d'entre eux. Des Andes à l'Atlantique, il irrigue tout le nord du Brésil. Si l'Amazonie est l'un des poumons de la Terre, c'est surtout un monde à part, immense, inhospitalier, un territoire aux confins de notre humanité où l'eau et la forêt se mêlent à l'infini. Patrice Franceschi, à bord du trois-mâts *La Boudeuse*, s'engage au cœur de cet espace si singulier sur terre. Lorsque l'on rejoint les eaux noires du rio Negro et que l'on atteint le Japura, c'est le territoire des Indiens d'Amazonie. Plus de 50 % des êtres humains vivent sur les littoraux ou au bord d'un cours d'eau. Dans cette « forêt-continent », les hommes ne sont pas nombreux. Passé Belém, Santarem et Manaus, c'est la grande aventure.

Quant aux océans et leurs abîmes, enjeux majeurs pour l'humanité tout entière, ils restent extrêmement mal connus. Les satellites ont détecté de grandes variations du niveau des mers en fonction des géographies sous-marines. Sous la surface, des paysages se dessinent. Les montagnes hautes de plusieurs milliers de mètres succèdent aux vallées encaissées, les plateaux continentaux côtoient les fosses abyssales et les dorsales océaniques laissent apparaître la lave en fusion. Laurent Ballesta, plongeur et biologiste marin, explore ce milieu habité par des milliards d'êtres vivants, où il faut apprendre à descendre plus profond, à rester plus longtemps et à se faire plus discret pour mieux observer et apprendre. Nous n'en sommes là qu'aux premiers balbutiements.

Les mondes polaires, qui constituent la majeure partie des réserves d'eau douce de notre planète, représentent également de formidables champs d'investigation pour l'exploration contemporaine. Grands témoins des activités humaines, les couches de neige qui s'y déposent depuis des siècles se sont transformées en glace et nous livrent l'histoire de notre atmosphère. Les traces de charbon de la première révolution industrielle, les cendres des éruptions volcaniques ou les stigmates des essais nucléaires, on ne peut mentir aux glaces des pôles. Quel continent se cache véritablement sous les glaces de l'Antarctique ? Quels secrets transporte avec lui le courant circumpolaire antarctique, qui représente à lui seul environ cent cinquante fois le débit de tous les fleuves de la planète ? Jean-Louis Étienne sera notre guide dans ces mondes encore très peu explorés.

Enfin, le ciel et l'espace sont les terrains de jeu des hommes depuis moins longtemps, leur accès ayant demandé une plus grande maturité technique. Bertrand Piccard nous mène dans cette atmosphère où les premiers explorateurs de l'air ont fait place à une aventure humaine plus collective, à mesure que l'altitude s'élevait. Aujourd'hui, l'exploration spatiale se fait davantage à l'aide de robots ou de sondes. Mais les vols habités ne sont pas abandonnés pour autant. Les prochains explorateurs astronautes se préparent, en Europe, aux États-Unis, en Russie ou en Chine, les yeux tournés vers le ciel, à séjourner sur la Lune avant de s'aventurer encore plus loin.

Nous ne pouvions proposer ce tour d'horizon de l'exploration contemporaine sans évoquer les sentiments intérieurs de ces hommes et de ces femmes qui partagent le désir d'aller sans cesse voir et comprendre l'ailleurs. Sylvain Tesson nous rappelle que l'aventure humaine est aussi l'exploration de l'âme. La littérature et le carnet de route ont toujours été le plus extraordinaire moyen de replacer l'être humain dans son environnement social, de capter l'air du temps, quelles que soient les époques.

On le voit, le champ de l'exploration reste donc immense et l'utilité de repousser les frontières de la connaissance en tous domaines, indéniable. Pour que l'aventure continue, il est nécessaire de garder une société ouverte sur les réalités du monde. Une société où l'accès au savoir reste garanti pour le plus grand nombre, où l'on apprend à penser par soi-même, où l'éducation de nos jeunes prône l'autonomie, la confiance en soi, la générosité, la solidarité, le goût du risque. Explorer, c'est finalement adhérer à la philosophie des Lumières, connaître le prix de la liberté et sans cesse continuer de s'interroger sur la marche du monde.

Préface

Arrivé à l'ultime chapitre de ce livre, le lecteur sera, je l'espère, le meilleur ambassadeur de l'esprit d'aventure et de l'exploration de demain. S'il n'est rien de plus important dans l'existence que la réalisation de ses rêves, mon souhait serait que ces moments de vie aident nos enfants à construire les leurs.

Olivier Archambeau,
président de la Société des explorateurs français

Gombessa, rencontre avec le cœlacanthe

Laurent Ballesta

Longtemps j'ai rêvé de faire disparaître la mer. Ce n'était pas par désamour, plutôt par impatience. Si l'exploration est une curiosité, celle des fonds marins est la plus ingrate à assouvir. Rappelons les évidentes contraintes : sous la mer, on ne peut qu'aller et revenir, jamais y demeurer, on ne peut pas respirer naturellement, on ne peut y supporter le froid que quelques heures, on y est globalement sourd et, surtout, on n'y voit presque rien. Aucune autre contrée n'est aussi cachottière. Voilà comment je justifie mes pulsions subaquatiques : frustré de ne pas tout voir, excité à l'idée d'y parvenir. C'est pour cela que j'aime l'eau trouble, contrairement à de nombreux plongeurs. Ils ont tort, je crois. Ils se privent de l'un des plus grands plaisirs qu'offre le monde sous-marin : l'excitation d'une révélation progressive, une joie crescendo pour dépasser l'invisible, accéder aux secrets, percer des mystères. L'eau trouble réconcilie l'exploration (voir avec les yeux) et l'imagination (voir avec l'esprit). L'eau trouble, c'est un exhausteur de goût, c'est le papier qui emballe les cadeaux de

Noël. L'eau trouble éveille l'envie et, dans nos sociétés d'abondance, l'appétit est plus précieux que la satiété.

Mais si l'on pouvait retirer l'eau un instant, comme un rideau qu'on lèverait, alors, du haut d'une falaise littorale, se dévoileraient à perte de vue les fonds avec leurs canyons et leurs vastes prairies, leurs vallées d'algues et leurs récifs d'animaux, des chaînes de montagnes, des falaises et des plateaux, des épaves de navires, voire des cités englouties… Invisibles jusque-là, noyées dans l'épaisseur liquide, que de surprises nous attendraient. C'est qu'à force d'y naviguer, on se fait une fausse idée de la mer : elle n'est pas une surface que l'on sillonne, elle est un volume que l'on survole. Un volume gigantesque, pouvant camoufler des montagnes plus hautes que toute la chaîne de l'Himalaya, Everest inclus. Et s'il y a des montagnes sous la mer, une sorte d'alpinisme y est possible. Cette discipline s'appelle la plongée profonde. Gaston Rébuffat disait : « L'alpiniste est un homme qui conduit son corps là où, un jour, ses yeux ont regardé… » Impossible de reprendre sa citation pour parler de la mer, mais je peux la détourner à mon compte : « Le plongeur profond, c'est un humain qui emmène ses yeux là où seuls ses rêves pouvaient le précéder… »

L'un de mes rêves, c'était d'emmener mes yeux là où s'est installé un poisson pas comme les autres, un poisson que personne n'avait réussi à photographier vivant, un poisson que l'on a cru longtemps disparu et qui est considéré aujourd'hui encore comme la plus grande découverte zoologique du XXe siècle…

Imaginez la stupéfaction des paléontologues quand Marjorie Latimer, une jeune conservatrice d'un petit muséum en Afrique du Sud, leur annonça en 1938 avoir trouvé dans un filet de pêcheur un cœlacanthe, ce poisson appartenant à un groupe zoologique disparu, non pas depuis quelques millénaires mais depuis 65 millions d'années, en même temps que les dinosaures. Beaucoup n'y ont pas cru à l'époque. Les plus sérieux savants soupçonnaient une imposture ou un canular de taxidermiste, un « faux » fabriqué à partir de différents poissons et reptiles.

Il fallut quatorze ans pour prouver qu'il existait bel et bien. En 1952, le professeur sud-africain James Leonard Brierley Smith trouva un deuxième cœlacanthe aux îles Comores. Un lieu dont les habitants savaient depuis toujours que ce poisson était bien réel. Ils le capturaient parfois, par hasard, avec des lignes de pêche posées à grande profondeur. Ils l'appelaient Gombessa. La science l'avait baptisé cœlacanthe, et on le croyait disparu... il était simplement reclus. Bien caché loin du rivage, ce poisson avait traversé les âges. Aussi, après dix années de méticuleuse préparation, descendre vers Gombessa fut comme remonter le temps. Perdu dans ces profondeurs au crépuscule permanent, « le plus vieux poisson du monde », comme l'avait surnommé Nelson Mandela, n'imaginait sans doute pas voir un jour des plongeurs...

Avant de devenir un projet sérieux, plonger avec cet animal mythique fut pour moi un de ces scénarios de jeu d'enfant à la plage, puis un vœu de plongeur du dimanche, plus tard un espoir inavouable d'étudiant en biologie marine qui s'ennuyait un peu sur les bancs de l'amphi. Du rêve fou au projet sérieux, il se passa une vingtaine d'années. D'abord dix ans pour qu'un plongeur sud-africain du nom de Peter Timm rencontre la bête lors d'une rapide incursion profonde, puis dix ans de plus pour se sentir prêt à relever le défi d'aller le photographier, et que Peter Timm accepte de nous amener là où, entre-temps, deux de ses amis plongeurs avaient disparu en essayant à leur tour.

Aller à la rencontre du cœlacanthe n'était pas une démarche anodine. Il y avait plus à craindre de ces grandes profondeurs que du charme de toutes les sirènes croisées en chemin. J'appelle cela des plongées engagées.

La difficulté n'est pas de descendre, mais bien de revenir. Nombreux, hélas, sont les plongeurs qui ont perdu la vie en voulant gagner les profondeurs. Voilà pourquoi c'est un engagement : on se risque sur une voie où le chemin du retour est bien plus long et périlleux que le voyage aller qui, lui, ne demande qu'à se laisser couler. Quand on dépasse 100 mètres de profondeur ct quc l'on a la prétention d'y séjourner un peu, alors tout se complique. Cinq minutes au-delà de 120 mètres se paient par une heure de remontée lente, afin d'évacuer tous les gaz neutres accumulés dans l'organisme durant le temps passé au fond, et bien sûr c'est disproportionnel. Pour une demi-heure au fond, ce sont environ cinq heures de remontée, durant lesquelles il faut respecter des temps de pause à diverses profondeurs intermédiaires. On appelle ça des paliers de décompression, et ces arrêts sont de plus en plus longs à mesure que l'on se rapproche de la surface. D'un certain point de vue, c'est assez simple puisqu'il suffit d'interrompre régulièrement sa remontée, de s'immobiliser un moment... Mais si d'aventure le stop devient impossible, que l'on est amené à devoir remonter urgemment, alors les conséquences sont terribles. C'est un troublant paradoxe : la plongée profonde n'est pas difficile physiquement... mais on peut en mourir très vite.

Tout au fond, sous l'onde, dans ce monde où compte chaque seconde, la rencontre avec le cœlacanthe était une perspective périlleuse et improbable. Ce fut une réalité merveilleuse et inoubliable. Plus tard, mes copains d'aventure seraient d'accord avec moi : un face-à-face minuté, mais des souvenirs pour l'éternité.

Les difficultés furent à la hauteur des joies, il y eut beaucoup de doutes à dissimuler, d'intuitions à revendiquer. Jamais je n'ai senti d'aussi près les contradictions de la passion : l'exaltation et la dépression, et celles de l'aventure : la solitude et l'esprit d'équipe ; jamais je n'ai compris aussi bien à quel point une passion vous désole et vous isole quand elle s'enlise, et vous console quand elle se réalise. Avec elle, on s'envole. C'est ainsi : quand on vise les cimes, il faut accepter les abîmes. L'ennui dans mon cas, c'est que mes cimes sont précisément des abîmes, je ne vous dis pas la pagaille.

Pour mettre de l'ordre dans ce récit, je devrais peut-être me limiter à l'animal exceptionnel qu'il est – suffisamment pour nourrir un livre entier –, mais si je parlais de Gombessa sans traiter de sa quête, mon discours manquerait de sel, et de profondeur, le comble pour un plongeur.

Notre aventure allait se dérouler dans la région du KwaZulu-Natal, au départ de la baie de Sodwana, dans le canal du Mozambique. Nous étions donc à l'est de l'Afrique, ou à l'ouest de l'océan Indien, selon d'où l'on regarde. Ce n'est qu'une question de point de vue, celui du terrien ou du marin. Ici, mes amis et moi allions devoir être un peu des deux pour aller au bout de mon obsession. Esclave d'une idée un peu folle, je n'étais pas très serein. Je me sentais coincé entre une mer de déferlantes et une terre de sable, de marées et d'épines. Jamais une région, celle-ci pourtant naturelle et préservée, ne me sembla si peu propice au plaisir d'aller plonger. Les panneaux de signalisation au bord du chemin qui conduit à la mer nous avaient prévenus : « Attention danger : crocodiles et hippopotames ». Je ne savais pas encore si nous verrions Gombessa, le cœlacanthe, mais au moins, pour sûr, nous attendaient des animaux sauvages…

Sur la plage, pas de paillote, pas de transat. Au pied des dunes, assis en tailleur, de nombreux singes à testicules bleus, méditatifs et silencieux, regardaient d'un œil sage quelques gros messieurs bruyants à gros 4x4. Les moins vêtus ne sont pas toujours les plus primitifs. Les hommes ici n'avaient pas réussi à domestiquer le rivage. Sur des centaines de kilomètres au nord et au sud, il n'y avait rien que d'interminables plages prises en étau entre un océan déchaîné et d'immenses dunes arborées. De temps en temps s'esquissait une légère courbure dans le trait de côte, insignifiante sur une carte, un simple renfoncement de la plage que les optimistes avaient décidé d'appeler une baie.

Notre camp de base se situait dans l'arrière-pays, à 10 kilomètres de la mer. La route serpentait à travers l'épaisse forêt. La forêt recouvrait la dune. La dune cachait la plage. La plage se déplaçait au gré des caprices d'un fleuve ; un fleuve aux eaux rouges qui traversait la forêt et taillait la dune. Tout se tenait et même tout s'expliquait, jusqu'à la couleur de l'eau : la forêt agissait comme un sachet de thé dont la rivière s'imprégnait et se colorait.

Bien avant la mer, la route s'arrêtait. Le bitume cédait la place à la piste qui crachait des nuages de poussière sur le passage de notre pick-up. Derrière lui, il y avait le bateau sur la remorque et nous par-dessus. Le matériel débordait : quatorze bouteilles de plongée et 400 kilos d'accessoires pour seulement quatre plongeurs. Bientôt, un gros tracteur prendrait le relais du pick-up pour franchir le sable mou et pousser notre embarcation jusqu'au rivage.

Sur des centaines de kilomètres au nord ou au sud, il était inutile de chercher un port, un brise-lames ou une simple digue, il n'y en avait pas. Les hommes se débrouillaient comme ils pouvaient. À Sodwana, il y avait un vieux récif fossile qui protégeait une portion de la plage, juste assez pour mettre notre bateau à l'eau entre deux déferlantes. La houle était toujours présente, le vent rarement absent, le courant plutôt violent. À bord de notre semi-rigide, tout devait être solidement amarré : franchir les vagues de la plage était un moment critique. Chaque année, à cet endroit précis, plusieurs bateaux se retournaient. Je me rappelle m'être dit qu'il y avait des mers plus accueillantes pour aller plonger…

Après une courte navigation, le long cérémonial du positionnement commença. Nous cherchions au sonar un canyon sous-marin. C'est là que se cachait Gombessa, le cœlacanthe. Les yeux vissés au sondeur, on tournait et retournait, essayant de comprendre à quoi ressemblait la structure générale du fond. L'image sur l'écran nous donnait par fragments des coupes transversales abstraites des parois rocheuses du canyon. Ces dessins en trois couleurs laissaient libre cours à toutes les interprétations. Plus le temps passait et plus chacun voyait dans les images artificielles ce qu'il avait envie de voir, jusqu'à la silhouette du cœlacanthe. Quand, de guerre lasse, une certitude nous vint, nous décidâmes de nous jeter à l'eau. Mes trois partenaires et moi-même finissions à peine de nous équiper, l'ultime moment pénible avant la libération. Comme si nous n'étions pas assez chargés de nos scaphandres recycleurs, chacun de nous rajoutait deux bouteilles de plongée classiques, un secours en cas de panne d'électronique... De quoi respirer quelques dizaines de minutes en attendant les renforts qui, alertés, viendraient de la surface. En vingt-cinq ans de plongées profondes, je n'ai jamais eu à m'en servir et il aurait été tentant de se délester de ce surplus d'équipement. Je n'ai encore jamais osé.

Une ultime vérification des afficheurs électroniques et quand tout le monde fut prêt, le bateau se repositionna sur le point de largage. Depuis le réveil, une boule au ventre m'empêchait de sourire, un peu comme la peur d'oublier quelque chose, je devais penser à tout avant de ne plus penser à rien. Les traits se crispèrent mais l'esprit se libéra. Plus que quelques minutes sur terre avant la bascule arrière du Zodiac. La descente chassa nos préoccupations, finie la réflexion, place au réflexe, terminée l'appréhension, il était temps d'appréhender ! Les rayons de lumière bleue convergeaient sous mes palmes pour disparaître dans le noir. Le soleil était au zénith : viser cette convergence, c'était garantir une coulée verticale.

Aujourd'hui encore, à chaque descente, je me rends compte d'une absurdité : nous autres plongeurs négligeons le milieu aquatique, je veux dire l'espace intermédiaire entre la surface et le fond. Le masque tourné vers le bas, nous fonçons vers le plancher océanique, alors que la vie la plus singulière que l'océan ait permise est précisément celle qui s'épanouit en son sein, privée de sol. C'est la vie pélagique, qu'elle soit maîtresse de ses déplacements, comme le necton, ou qu'elle erre au gré des courants, comme le plancton. Dans ma course aux abysses, je croise toujours toute une ménagerie de créatures diaphanes, plus ou moins grandes, très délicates. Leur étrangeté symbolise à merveille l'entrée dans un autre monde. Ce sont des sentinelles : elles nous préviennent en douceur du brutal étonnement qui nous attend plus bas.

Cent mètres d'eau, 100 mètres de haut, rien du tout en fin de compte, à peine quelques coups de palme à donner, et pourtant je changeai de monde. En quelques minutes, un voyage de 65 millions d'années…

Cette première descente fut rapide, la plus rapide possible. D'abord pour ne pas dériver, mais aussi parce que j'ai toujours aimé cela : ce plaisir physique de sentir le poids de l'eau peser de plus en plus sur tout mon corps. La pression ne m'écrase pas, elle m'enlace. Bien heureux que « la béance tubaire volontaire des trompes d'Eustache » fonctionne, en d'autres termes que mes oreilles s'équilibrent sans que j'intervienne.

Pour rejoindre le monde de Gombessa, il fallait aller plus vite encore. En moins d'une minute j'étais à 50 mètres de profondeur, en pleine eau. Arrivé à ce point, je ralentis un peu, je me retournai pour voir si mes compagnons étaient là, et repris ma boussole pour affiner le cap à suivre. Soixante mètres. Soixante-dix mètres. Maintenir mon axe et ma vitesse de descente. Quatre-vingts mètres. Je commençai à guetter le bord du canyon. Quatre-vingt-dix mètres. Déjà, je voyais nettement le contraste entre la roche verticale et obscure du canyon d'un côté et la plaine de sable blanc de l'autre. Cent vingt mètres. Cette vertigineuse première descente s'arrêta enfin, je freinai, ma bouée dorsale se gonfla pour me stabiliser. La descente, à la fois éprouvante et libératrice, s'était bien déroulée. C'était une étape délicate qui m'obsédait depuis le réveil : ne pas rater l'atterrissage. Sinon, c'était toute l'exploration qui aurait été annulée et impossible de retenter une plongée le jour même. À cet instant, je me sentais bien, les inconfortables 60 kilos sur le dos ayant disparu, neutralisés par Archimède le bienfaisant. Notre descente avait duré moins de trois minutes. Comment croire que cette autre planète n'était qu'à trois minutes de la nôtre ? À cette grande profondeur, le temps n'a plus la même valeur. La preuve ? Le chemin aller se compte en minutes, le chemin retour en heures. Je pénétrai l'univers biologique mésophotique[1], où le ciel n'est plus qu'un souvenir. On

1. Zone qui correspond aux profondeurs où parvient une lumière très faible mais suffisante pour que certaines algues puissent s'épanouir et constituer la base d'écosystèmes. Il est admis qu'il y reste environ 1 % de la lumière de la surface. Au-delà, c'est la zone aphotique, où le soleil ne pénètre plus du tout.

est loin du monde, dans la pénombre, et pourtant nous voyons loin. C'est toute la différence entre luminosité et visibilité : quand l'une diminue, l'autre augmente. C'est surprenant mais c'est bien réel. Ou alors c'est le début d'une douce folie ; faut-il être un peu allumé pour voir clair dans les ténèbres ?

Je me rappelle quand, pour la première fois, le canyon apparut. Il était immense, je n'en voyais qu'une infime partie. C'était un coup de hache de géant dans le plancher océanique. Une rupture brutale. La lumineuse plaine de sable cédait la place à l'obscurité du gouffre. Ses bords étaient marqués d'un sombre éperon rocheux aux parois verticales. Cet ailleurs hébergeait tout un écosystème, si loin du nôtre qu'il n'avait jamais été photographié. Sur terre, le sol mou est propice au bon épanouissement des plantes, et les falaises rocheuses sont plutôt vides de vie. Sous l'eau, c'est l'inverse. À l'exception de quelques plumes de mer, la plaine était lunaire, mais la roche foisonnante, coraux et éponges y poussaient sans retenue. C'est le paradoxe de la vie océanique : dans l'élément liquide, elle cherche une assise solide. Les parois du canyon étaient torturées, criblées de surplombs et de petites grottes, toutes alignées dans une bande horizontale entre 115 et 125 mètres. Cette singularité, visible dans diverses régions du monde, se rencontre toujours à la même profondeur. Elle correspond à la dernière époque glaciaire. Il y a 21 000 ans, c'était le niveau zéro des océans. Il a stagné là pendant plusieurs millénaires, laissant ainsi aux vagues et à la houle le temps suffisant pour ronger les falaises côtières. Puis le climat se réchauffa, le niveau de la mer remonta jusqu'au niveau actuel, figeant à tout jamais les marques de l'érosion marine. C'est dans ce chaos rocheux, décombres d'un passé lointain et fracassant, que les cœlacanthes actuels ont trouvé refuge.

Nous passâmes le surplomb et dans la lueur de nos lampes, Gombessa était bien là. Premier jour, première plongée, première seconde au fond – preuve que la difficulté n'était pas de trouver Gombessa, mais simplement son monde. L'instant vécu était si fort qu'il était difficile de rester focalisé dans mon travail de naturaliste et je m'entendais me répéter sans cesse : « Concentre-toi, observe, observe, observe… » Difficile également de décrire ma joie, elle était intense mais introvertie. Un mélange addictif : l'expérience de la beauté et la griserie du privilège. Mais il y avait plus que cela : à ce moment précis, mes espoirs, mon acharnement de tant d'années, mes intuitions tellement défendues, mes doutes tellement dissimulés, toutes ces émotions se trouvaient cristallisées dans cette extraordinaire rencontre. Nous nagions à côté d'une légende vivante, dans son univers propre, et nous étions les premiers à l'illustrer. En ce printemps 2010, il existait davantage d'êtres humains ayant marché sur la Lune qu'ayant nagé avec un cœlacanthe. Dans les rares autres régions du monde où l'on connaissait l'existence de cœlacanthes, ceux-ci vivaient bien plus profond. Ici, en Afrique du Sud, ils étaient « à peine » à 120 mètres, comme si chacun avait fait l'effort d'aller à la rencontre de l'autre. Et c'était à travers cet effort, ce face-à-face physique avec lui, que le cœlacanthe prenait tout à coup une autre valeur à nos yeux : il cessait d'appartenir à un autre monde. Il en va de même, je crois, quelle que soit la biodiversité concernée : elle n'est un patrimoine commun que si quelques privilégiés se mouillent, aux sens propre et figuré, pour l'approcher de près et la faire connaître. Ces écosystèmes lointains deviennent remarquables sitôt qu'un humain parvient à s'y promener. Comme si l'ailleurs n'avait de valeur que lorsqu'on l'occupe. C'est le comble de l'égocentrisme. Certes, les robots et les sous-marins scientifiques nous ont offert, depuis des décennies, échantillons et images de ce monde. Mais finalement, qui fait la réputation d'une montagne ? Qui la fait connaître ? Celui qui l'a gravie à pied, ou ceux qui l'ont survolée en avion ?

L'émotion était immense : je savais que Gombessa nous avait vus, il tourna sa tête vers moi mais ne se réfugia pas au fond de son antre. De la curiosité pour nous ? Plutôt de l'indifférence, et c'était mieux ainsi : cette scène inédite si souvent rêvée, cet instant de nature enfin offert à mes yeux, je le voulais « comme si je n'y étais pas », intact, sauvage. Désormais, il me faisait face. Sa mâchoire à double articulation, une dans le maxillaire inférieur, l'autre dans le crâne, dessinait la forme d'un sourire figé. Je ne répondis pas à ce sourire qui n'en était pas un… mais la tentation était grande de voir là une complicité. M'approcher de lui, c'était comme m'approcher d'un dinosaure. Je gardais mes distances, peur de lui faire peur. Comment le cœlacanthe allait-il réagir devant un plongeur ? Nul ne le savait vraiment. Le comble aurait été, après tant de préparation, d'effrayer la légende vivante, de la voir disparaître et de remettre alors en question la conviction que je défendais depuis si longtemps, celle que partout où nous irions physiquement, nous ferions toujours mieux que des robots ou des drones, aussi furtifs fussent-ils.

Ses nageoires sont les mêmes que celles qui engendrèrent jadis nos bras et nos jambes. Troublante considération anatomique quand je le vis nager au-dessus de moi, comme un rameur en train de godiller. Elles contiennent l'amorce de tous nos os : cubitus, radius, humérus, fémur, tibia et péroné ! Que dire aussi des prémices de poumons présents à l'arrière de son immense gueule ?

C'était pour cela qu'il avait déchaîné – et déchaîne encore – les passions des paléontologues, des biologistes et des évolutionnistes du monde entier. Baptisé *Latimeria chalumnae* par le professeur J.L.B. Smith en 1939, le cœlacanthe n'avait pas encore livré tous ses secrets. Et quels secrets ! Inchangé depuis la nuit des temps, il porte en lui les traces d'un passé commun à tous les vertébrés terrestres. Son audacieux ancêtre était à l'origine du premier des vertébrés ayant réussi, il y a 380 millions d'années, la colonisation du monde terrestre, engendrant progressivement les amphibiens, puis les reptiles, les mammifères et jusqu'à l'espèce humaine.

J'osai me rapprocher davantage et je distinguai nettement les courtes épines blanches qui recouvraient les rayons bleus de sa nageoire dorsale. À chacun de ses mouvements, je voyais se chevaucher délicatement ses énormes écailles primitives, elles aussi chargées de minces épines de dentine dont l'émail brillait sous l'éclat de mes flashs. Un caractère extrêmement archaïque, témoin d'un passé lointain où la mer était dominée par d'énormes dinosaures marins, les ichtyosaures, et des requins gigantesques, de redoutables prédateurs contre lesquels cuirasses et épines étaient toujours mieux que rien. Aujourd'hui, il est probable que les cœlacanthes adultes n'ont plus aucun prédateur et qu'ils pourraient se passer de toutes ces protections. Mais voilà, l'immobilisme que la nature condamne généralement par l'extinction est sans conséquence sur le cœlacanthe.

Mon regard se détacha de lui un instant : le cœlacanthe n'était pas seul. Certes, son univers a des aspects lunaires quand on le regarde de loin. On pourrait croire qu'il est désert ; on aurait tort. D'autres habitants, quelques minorités invisibles, se cachaient ici-bas. Précisément parce que personne n'explore ces lieux, l'observation attentive y est très vite récompensée. Combien de nouveaux poissons, de nouveaux invertébrés, tous inédits et plus singuliers les uns que les autres, vinrent imprégner notre rétine ? Plusieurs dizaines vinrent justifier ces heures et ces heures de décompression. La biodiversité des océans, dont 90 % se concentre dans les 20 premiers mètres, recèle aussi des centaines de milliers de créatures vivant plus en profondeur et qu'il reste à dévoiler. Certaines idées reçues ont pourtant la vie dure : « Passé 20 mètres, il n'y a plus rien à voir ! » vous diront des gens qui d'ailleurs ne sont pas allés vérifier. Mais quel explorateur renoncerait à un voyage sur Mars sous prétexte qu'il n'y a pas d'extraterrestres ? De toute façon, si nul ne sait vraiment pour Mars, sur la planète Terre, il y a de la vie au-delà de 100 mètres de profondeur. Bien sûr, elle y est rare et discrète, mais elle n'en est que plus précieuse et surtout on ne la trouve nulle part ailleurs. Et accéder à la beauté cachée de ces vies à l'écart de la vie, c'est un rêve de naturaliste. bien plus qu'un défi de plongeur, c'est une sensation à chaque fois renouvelée d'explorer des mondes inconnus.

Cette perspective est mon moteur, et ce ressenti ne m'a jamais quitté depuis l'enfance. Être un explorateur : vision naïve ou légitime, peu importe, tant que ça me porte ! Mais en ce jour du mois de mai 2010, tout était réel. Jamais mes expéditions n'avaient été aussi authentiques. La légende vivante était bien là, juste devant moi, pour une poignée de minutes encore…

Je quittai le cœlacanthe. C'est toujours plus facile pour celui qui part. Mais quand je le vis disparaître dans le noir du canyon, loin sous mes palmes, l'envie de le suivre fut grande, obsédante, mais suicidaire.

L'exploration était bel et bien derrière nous mais la plongée était loin d'être terminée. Il était temps pour nous de payer l'addition de ce privilège ; je regardai ma console : deux cent trente-cinq minutes de décompression obligatoire avant de regagner l'air libre. En ajoutant à cela le temps au fond et les aléas de la remontée, je calculai que nous sortirions de l'eau cinq heures après y être entrés. La lente ascension commençait. Je regardai vers le bas une dernière fois. Le bord du canyon disparaissait peu à peu. Un instant encore je crus l'apercevoir, parce que je savais qu'il était là. En réalité, je ne le voyais déjà plus. Au-dessus de moi, la pâle lueur d'une lointaine surface, en dessous, le clair-obscur de fonds invisibles. Autour de nous, aucune matière où le regard aurait pu s'accrocher, seulement du vide, et un peu de lumière. J'étais au milieu, c'est ça, le grand bleu.

Au début d'une mission, il est vrai que le plaisir des descentes est gâché par l'appréhension des remontées.

L'inconfort fait naître des angoisses parce qu'il semble impossible de rester ainsi des heures durant. Des idées noires tournent en rond, un mauvais souvenir mine le moral, et puis il y a toujours quelque chose qui ne fonctionne pas, une sangle mal ajustée, un tuyau au mauvais endroit, des trucs qui grattent autant le corps que l'esprit. J'ai mal aux reins, j'ai mal aux dents, j'ai froid. C'est pénible et j'ai envie de sortir de l'eau le plus vite possible. C'est ainsi, les plongées profondes sont parfois inoubliables, mais toujours ingrates. Même la soif de découverte peut vite être étanchée par le ras-le-bol de ces interminables décompressions.

Finalement, la moitié de la plongée se passe entre 12 mètres et la surface. Il n'est pas tout à fait juste de dire que nous sommes à quelques mètres de profondeur, nous sommes plutôt à quelques heures de l'air libre. Ces dernières années, j'ai nettement amélioré le confort de la décompression : une poche souple de deux litres de thé glacé pour boire, une seringue remplie de lait concentré pour manger et des caissons étanches pour tablette électronique pour lire, histoire de passer le temps là où nous allons dériver une petite partie de la journée, suspendus sous nos bouées parachutes respectives.

En vérité, le temps passait plus vite pour nous sous l'eau que pour ceux qui nous attendaient en surface. D'abord il y avait l'excitation du moment vécu et le soulagement que tout se soit bien passé. La boule au ventre avait disparu au moment de l'immersion, laissant place à une extrême concentration, enfin un peu d'euphorie pointait le bout de son nez. C'était plus fort que nous : il fallait relâcher la pression au sens figuré autant qu'au sens propre. Les souvenirs tout frais des trente minutes passées au fond se bousculaient devant nos masques et on voulait déjà tous partager avec les autres nos impressions. Même s'il est difficile d'articuler, l'absence de bulles rend nos voix audibles. On se comprenait plus que l'on ne s'entendait. Les malentendus nombreux, les fous rires fréquents. Et puis avec les heures non négociables de la décompression, petit à petit, l'excitation retombait, la somnolence s'emparait de nous, chacun retournait à ses rêves, il ne manquait pas grand-chose pour s'endormir.

Yanick était immobile, il avait les yeux perdus dans le vide, tournés vers le bas. Sur ses épaules, je sentais que pesait davantage le poids de la lassitude que celui des 60 kilos de son scaphandre. Je repensai à la veille au soir, autour du feu de camp : « De toute façon, toi, tu AIMES faire des paliers ! » C'était Yanick qui me jetait ça au visage, à l'annonce du lourd programme du lendemain. Ce n'était pas un reproche, plutôt une provocation joyeuse, d'ailleurs le ton dénonciateur était largement surjoué. Les copains rigolèrent, je souris. En fait, je ne savais pas quoi penser. Ces pauses obligatoires sont aussi un salut, un moment de répit dans une aventure, et puis de temps en temps, on croise quelques rares créatures, ou bien un poisson rémora vient coller sa ventouse dorsale sur l'un de nous, comme si nous étions une baleine ou un gros requin, et c'est flatteur, on se croit appartenir à ce monde un court instant. En réalité, le problème des paliers est ailleurs. Yanick, peu expansif, l'avait compris : « C'est pas tant de les faire, c'est de savoir qu'on doit les faire, qu'ils sont obligatoires, et j'aime pas être obligé… » C'était bien cela. Les paliers sont une atteinte à la liberté d'aller et venir. C'est cela qui nous gêne le plus, et même qui nous angoisse parfois. L'équipe que j'ai autour de moi est faite de personnages différents, mais tous ont un point commun : une certaine aptitude à cultiver leur liberté. Et les paliers s'accordent mal avec cette honorable prétention.

L'équipe… c'est le paradoxe de la plongée profonde : au fond de la mer, on se sent seul, profondément seul, mais cette solitude acceptée n'est possible que par le soutien des autres. Les autres, ce sont Jean-Marc et Éric, d'une bonne quinzaine d'années mes aînés, avec une grande culture de l'art expérimental de la décompression. Depuis vingt ans, je leur demande souvent de planifier les plongées à ma place, afin que mon obsession ne prenne jamais le dessus sur la raison. Ils sont les modérateurs. Cédric, formidable organisateur, nécessaire pour trouver les solutions à la bonne marche de notre aventure ; aventure, ce synonyme romanesque de galère. Il est aussi le plongeur qui transporte pour moi un ou deux caissons photos « en plus, au cas où… » ; tout comme Tybo et Florian, tous deux plongeurs techniques aguerris, calmes et enthousiastes à la fois – un cocktail rare – qui tour à tour joueront les porteurs, les éclairagistes, et même les opérateurs des caméras scientifiques, avec toujours cette même envie inaltérable d'aller voir en bas ce qu'il s'y passe. Enfin Yanick, physiquement increvable, jamais fatigué et d'humeur égale en toutes circonstances, il est le chef opérateur caméra, c'est lui qui devait filmer l'événement, la première fois au monde où l'on verrait sur une même image nager un homme et un cœlacanthe.

Parfois je me demandais ce qui faisait vraiment l'aventure. Les journées se succédaient, et avec elles le même manège : préparer, vérifier, s'habiller, descendre vite, remonter lentement, se déshabiller, tout rincer, nettoyer, planifier le lendemain, manger, se reposer, recommencer… Une routine, donc, pour une aventure de trente-quatre minutes exactement, où l'on ne savait jamais vraiment ce qui allait se passer. Ça pouvait être sombre ou lumineux, dans le canyon où la visibilité pouvait changer en vingt-quatre heures du meilleur pour le pire. Gombessa étaient peut-être là, seul, ou avec plusieurs de ses congénères, ou bien, sans nous avoir informés, il était absent. Rien de garanti, si ce n'étaient les efforts qui précédaient et suivaient chaque immersion. Il y avait les bons jours où l'on arrivait à tout, les mauvais où tout nous arrivait. Aventuriers veinards ou aventuriers poissards, nous penchions d'un côté ou de l'autre. Mais je crois surtout que c'est entre ces deux situations, précisément là, que se trouve l'essence même de l'aventure, dans ce grand écart imprévisible entre parvenir et subir. Les journées étaient longues et sans répit, levé 5 h 30, couché 22 heures. Si intenses que seuls les paliers des longues remontées m'offraient le temps du recul, le luxe de prendre conscience de ce que nous étions en train d'accomplir. « Tout ça pour ça ? ! » était une idée sournoise qui me guettait chaque soir pendant que je soignais mes caissons photos, qui souffraient de la trop grande pression. À chaque plongée, certains boutons-poussoirs restaient définitivement enfoncés et je devais patiemment m'improviser horloger pour remplacer de petits ressorts trop faibles par de plus résistants que le constructeur avait eu la bonne idée de m'envoyer avant le départ. Je ne parlerai même pas de la nuit blanche passée au chevet du caisson dont le hublot implosa par 111 mètres de fond.

J'avais donc photographié Gombessa, et nous aurions pu en rester là. Mes camarades et moi étions heureux. L'expédition de 2010 était un succès. Notre aventure serait bientôt publiée dans *Paris Match*, *National Geographic USA*, passerait dans quelques journaux télévisés de France, et surtout six mois plus tard dans « Ushuaïa Nature », l'émission de Nicolas Hulot. Mais j'avais comme un oursin dans les palmes, quelque chose me dérangeait. Je n'étais pas satisfait. C'était, d'un côté, une question d'honnêteté : je savais que je n'avais rien apporté de nouveau à la connaissance scientifique du plus légendaire des poissons, à peine quelques nouveaux individus dans le trombinoscope des cœlacanthes sud-africains. Il me semblait nécessaire d'ajouter une dimension scientifique pour que mon rêve soit complet. C'était aussi un sentiment dangereux, teinté d'orgueil, car, au fond, il s'agissait d'user de l'alibi de la science pour y retourner, et donc reprendre des risques, pour exister davantage dans l'histoire de cet animal mythique. Face aux risques encourus et devant les réticences de mes amis, ma passion avait besoin d'une raison. La science serait la plus noble des excuses, la caution pour mon désir irrationnel d'y retourner, de redescendre vers ces éblouissantes ténèbres. Pendant un demi-siècle, seuls des cœlacanthes pêchés, donc morts, furent à disposition des savants. Que savaient-ils de leurs mœurs, sans accès à leur univers ? Qu'aurions-nous su de la trompe de l'éléphant ou des plumes démesurées du paon sans en voir l'usage ? Bien peu de choses. Je leur proposai des observations et des manipulations *in situ*, de quoi mettre en lumière le monde obscur du cœlacanthe.

Trois ans plus tard, en 2013 donc, nous étions de retour à Sodwana. Mes amis et moi basculions à nouveau des Zodiacs de Peter Timm, cette fois-ci les bras chargés d'équipements scientifiques spécialement élaborés pour cette audacieuse et ultime mission. Nous étions cinq dans l'eau, car nous avions beaucoup de choses à expérimenter. Prélèvements génétiques d'un genre nouveau, c'est-à-dire sans biopsie, dignes des expertises policières, pose de balises GPS pour étudier les déplacements des cœlacanthes et modélisation en trois dimensions des mouvements de leurs nageoires grâce à un instrument inventé pour la circonstance : une double caméra stéréoscopique à haute vitesse, allant jusqu'à mille images par seconde. Un ensemble peu maniable quoique motorisé avec un propulseur électrique et baptisé « caméra girafe » à cause de son long cou articulé de deux mètres. Pas moins de treize personnes, en plus des plongeurs, avaient fait le voyage depuis la France : chercheurs, médecin, logisticien, équipe de tournage, auxquels venaient s'ajouter les équipes sud-africaines de chercheurs, et même un navire porte-robot et son équipage que j'avais dû affréter pour l'occasion. Nous avions des expériences scientifiques à réussir, un film de 90 minutes à réaliser pour Arte, et pour la première fois un vrai sponsor dont la générosité méritait d'être récompensée. La manufacture horlogère suisse Blancpain, pionnière des montres de plongée, avait décidé de me faire confiance et de m'aider. Nous n'avions que quarante jours. La pression était grande, à peine moins qu'à 120 mètres sous la surface.

Un requin nous accueillit dès notre arrivée au fond. Il nous tourna autour, mais focalisés sur la recherche du cœlacanthe, nous l'oubliâmes bien vite. Dans l'antichambre secrète d'un canyon sous-marin, suspendu en pleine eau par le mouvement hypnotique de ses nageoires, la diva Gombessa, ni farouche ni curieuse, semblait attendre son portraitiste avec indifférence, comme si nous l'avions quittée la veille. Je m'approchai assez près d'elle pour photographier ses flancs, afin de l'identifier et d'estimer sa taille. Moins de 1,10 mètre, une donnée importante puisqu'il s'agirait du plus petit cœlacanthe jamais observé en Afrique du Sud. Je n'insistai pas. L'animal était acculé au fond de la grotte et je ne voulais pas le stresser davantage. Je décidai de poursuivre l'exploration plus loin dans le canyon. Un optimisme inspiré, puisque deux minutes plus tard un deuxième cœlacanthe apparut devant nous dans une position idéale. Doucement, je m'approchai de lui et le caressai avec une sorte de gros coton-tige de la tête jusqu'à la queue et… la bête ne s'en soucia pas ! La preuve était faite – la vidéo l'attesterait – que notre méthode de prélèvement génétique n'était pas perturbante, condition *sine qua non* exigée par les autorités pour nous laisser poursuivre notre mission. Ce fut à ce moment-là, une fois l'objectif du jour atteint, que la plongée devint inoubliable. À l'instant où l'on n'en demandait pas plus, une grande raie manta vint survoler le groupe de plongeurs affairés autour du cœlacanthe. Jamais je n'aurais cru un jour embrasser d'un seul regard ces deux créatures dont la nage respective était tout à la fois différente mais empreinte de la même grâce. Notre temps si précieux s'arrêta un peu, la contemplation prit le pas sur l'observation. Nous devenions spectateurs.

Nous décollâmes du fond, chacun sortit son parachute, une bouée tout en longueur reliée à un gros moulinet. Une fois remplies de quelques litres de gaz, les longues fusées s'élevaient, nos moulinets se vidaient à toute allure, bientôt elles allaient crever la surface. Le bateau saurait que nous étions tous de retour, que tout allait bien. Petit à petit, décompression après décompression, je retrouvais mes marques, je me sentais mieux dans mon scaphandre, les attitudes devenaient naturelles et les gestes rares et économes. Alors l'impatience, au lieu de s'accumuler, se délitait dans l'eau qui me portait. L'ennui cédait la place à une agréable léthargie. Soudain, cette condamnation à l'immobilité n'était plus une peine non négociable, elle devenait un sursis salutaire. C'était une pause offerte à la course effrénée de nos journées, de nos vies peut-être même, une échappatoire à nos dérisoires urgences. Le corps dérivait et l'esprit divaguait. L'inconfort était passé, le temps n'était plus un ennemi.

Jour après jour, nous rapportions des données visuelles. Grâce à la caméra girafe, nous saurions mieux comment le cœlacanthe utilise ses nageoires si particulières, comment il nage. Mais où allait-il ? Le cœlacanthe, que l'on retrouvait au petit matin dans sa grotte, avait-il la bougeotte ? Se nourrissait-il loin de son lieu de repos ? Est-ce que les cœlacanthes des îles Comores connaissent leurs cousins d'Afrique du Sud ? Beaucoup de questions demeuraient et les réponses se trouvaient peut-être dans une toute petite balise GPS qu'il nous fallait placer sur le dos de l'un d'entre eux.

À une semaine de la fin de l'expédition, contre toute attente, l'eau se réchauffa soudainement. Habituellement entre 17 et 19 °C, elle monta à 24 °C et les cœlacanthes désertèrent les lieux. Les plongées infructueuses s'accumulèrent, comme si le cœlacanthe voulait préserver encore un peu de ses secrets. Sonna l'heure de la dernière plongée. L'ambiance était tendue, j'arrivai le premier au fond, inspectai toutes les grottes que l'on connaissait et dus me résoudre à l'idée : aujourd'hui encore, il n'y avait pas de cœlacanthe, c'était la fin de l'histoire. Mais, comme l'ultime rebondissement d'un mauvais scénario de film, je m'aperçus que mes camarades ne m'avaient pas suivi dans ma course folle d'une grotte à l'autre. Je revins sur mes pas. Ils étaient restés au pied de la première grotte, et formaient un cercle autour d'un magnifique cœlacanthe qui m'avait échappé. La suite alla très vite : je pris la lance et, consciencieusement, je lui plantai la balise sous les écailles. Ça me fit mal de lui faire mal. Mais il ne s'enfuit pas. Il jaillit vers l'avant, mais s'arrêta après quelques mètres. Nous le rattrapâmes, il reprit sa nage débonnaire. Neuf mois plus tard, à minuit, la balise se décrocherait toute seule de son dos, rcjoindrait la surface et transmettrait toutes les informations sur ses déplacements. Un satellite perché dans le ciel allait nous apprendre ce qu'avait fait un cœlacanthe caché dans la mer. Et c'est bien ce qu'il advint. Gaël Clément, le paléontologue chargé de cette étude, reçut un courrier électronique au Muséum de Paris provenant de cette petite balise. Nous apprîmes que ce cœlacanthe était toujours en Afrique du Sud, que toutes les nuits, il avait rejoint des profondeurs immenses, jusqu'à 400 mètres, qu'il avait ses petites manies. Au petit matin, il revenait toujours à la même grotte pour se reposer, mais seulement pendant trois à quatre jours. Ensuite, il s'installait dans un nouveau refuge pour la même durée, avant de changer encore. Nous découvrîmes aussi qu'à deux reprises, pour des raisons qui nous échappent encore, il avait décidé de remonter vers des eaux moins profondes. Il était remonté seulement deux fois en neuf mois ; nous cherchait-il ? Des millions d'informations allaient être traitées pour en savoir davantage sur ses déplacements, c'était inespéré. Quand les chances se cumulent, l'événement tient du miracle. Mais il y a plus troublant que le hasard des rencontres, c'est la rencontre des hasards ; le fait que la pose de cette balise emplie d'espoir, climax de notre aventure, se soit réalisée le dernier jour de l'expédition, à la dernière minute de la dernière plongée...

Si je consulte les carnets de plongée de mes trois expéditions en 2009, 2010, et 2013, je peux faire une addition rapide et mesurer que j'ai passé au total 196 minutes aux côtés du cœlacanthe. J'ai partagé 196 minutes de son intimité pour 165 heures de plongée cumulées. C'est dérisoire et plus qu'espéré. Ces plongées sont à la fois les plus ingrates et les plus gratifiantes qu'il m'ait été donné de faire. Tous ceux qui y ont participé en sont fiers, mais tous ne veulent pas recommencer. Jean-Marc et Cédric ont renoncé aux plongées profondes. Pour eux, un certain malaise a pris le pas sur le plaisir. Pour l'instant, du moins.

Cent quatre-vingt-seize minutes pour 165 heures de plongée, ça veut dire que 95 % de mon temps passé sous l'eau s'est déroulé à la remontée, pendant les paliers de décompression. Ça laisse du temps pour réfléchir, faire le bilan de ces étranges ascensions négatives. Une fois en harmonie avec l'élément liquide, mes pensées vagabondaient devant l'écran bleu de notre dérive, ce ciel sans horizon où nous passions tant de temps à attendre. Mes pensées s'égaraient plus loin encore dans le passé, je me souvenais au lycée d'une leçon sur le cœlacanthe, témoin vivant d'un chaînon mythique de l'évolution, je me revoyais à l'université entendre parler de ce « Graal zoologique » et taper du coude mon camarade d'amphi en lui disant : « Hé ! t'imagines le délire : plonger avec cette espèce de dinosaure ?!... », je m'évadais aussi dans le futur proche, j'étais déjà dans ma tête en train de raconter à mes amis restés en France l'incroyable dénouement. La fierté débordait un peu. Heureusement, sous l'eau et privé de parole, l'orgueil et la fanfaronnade ne sont pas visibles. Le silence faisait illusion d'humilité. Bientôt, nous serions à nouveau sur le bateau, cinq heures après s'en être jetés. Je pourrais lire sur le visage des copains enfin libérés du masque et de l'embout cet émouvant mélange : la fatigue et la satisfaction. Épuisés mais contents. Sentiment bizarre : on viendra tout juste de sortir de l'eau et pourtant l'événement se sera produit des heures auparavant. Ce sera déjà loin dans nos mémoires. Pas étonnant, la route est longue quand on revient d'une autre planète.

Des gens ont consacré leur vie à étudier le cœlacanthe, d'autres l'ont même perdue. Dans cette quête moderne d'une licorne bien réelle, deux plongeurs sont morts autour de l'an 2000 en voulant être les premiers à l'approcher physiquement, l'observer, le filmer sans l'aide de robots ou de sous-marins. Un an après notre dernière mission, en 2014, notre ami et guide Peter Timm, le premier à avoir vu un cœlacanthe en plongée, et Adele Stegen, sa binôme, sont tous deux décédés à la suite d'une remontée interrompue trop vite. Quelques années plus tard, un plongeur japonais perdra lui aussi la vie en voulant rejoindre Gombessa. Aucun d'eux n'était suicidaire, ils étaient passionnés.

« Je ne crois que ce que je vois », disent certains, mais avec le cœlacanthe, il fallait y croire pour le voir. J.L.B. Smith le chercha pendant quatorze ans avant de prouver qu'il avait bien raison. Hans Fricke passa des années et dépensa des fortunes pour construire le sous-marin qui le conduisit vers lui en 1986. Peter Timm dut vendre sa ferme, déménager et plonger pendant plus de trois ans pour enfin le voir à travers son masque en 2000. Allez leur dire qu'il ne sert à rien d'y croire… Mais mieux qu'un espoir, Gombessa fut un formidable catalyseur. Inconsciemment, sa rencontre à venir était plus qu'une perspective, une source de motivation. Cette envie nous a fait acquérir un nouveau savoir-faire en matière de plongée autonome. Des plongées qui ouvrirent une porte sur un nouvel espace d'exploration. Le cœlacanthe fut notre premier guide de ce nouveau monde. À l'heure où la planète n'a jamais été aussi petite, autant scannée, scrutée, surveillée, l'océan est le dernier résistant, il demeure impénétrable même par le plus puissant des satellites espions. C'est rassurant de savoir qu'il y aura toujours des lieux reculés où il faudra se rendre physiquement pour découvrir ce qui s'y cache. Des contrées et des êtres qu'il faudra d'abord imaginer avant de les rencontrer. Depuis, nous n'avons jamais cessé d'arpenter ces vallées profondes et ces obscurs canyons et, privilégiés que nous sommes, nous tâchons de mettre en lumière ce monde de ténèbres. La démarche est présomptueuse et un peu irréaliste. Cela m'est bien égal. Durant les cinq années de ma quête du cœlacanthe, jamais je ne me suis posé la question de la faisabilité. Il m'importait peu que les choses soient possibles, seul comptait qu'elles aient du panache. Pour autant, l'aventure qui s'ennoblit d'une absence de raison ne m'a jamais contenté. Aux élégants « conquérants de l'inutile », je préfère les laborieux chercheurs de sens. C'est parce qu'il m'échappe que l'océan m'attire. Et sans cesse, je veux le connaître mieux. J'ai la chance de pouvoir l'approcher de près parfois, et je m'en sens redevable. Alors pour être à la hauteur du privilège, il faut rajouter au prestige de la démarche la rigueur du consciencieux : tâcher de comprendre, d'illustrer de son mieux les mystères inaccessibles de l'océan, bien davantage que profiter de ses évidentes splendeurs.

Puis vient l'ultime étape de l'aventure, après l'exploration, la restitution ; partager les observations, raconter les ressentis. Or, sous la mer, la perception est perturbée. Le goût et l'odorat ne fonctionnent plus, l'ouïe est saturée, le toucher altéré par l'épaisseur des combinaisons, la vue limitée par l'épaisseur de l'eau. Dans un milieu où nos sens ne sont pas adaptés, une distance se crée entre l'observateur et le monde qu'il veut appréhender. Se fondre dans le décor est un vœu pieux et les récits sous-marins souffrent toujours de ce manque d'intimité. Au mieux, ils prennent l'allure d'œuvres de fiction, et Jules Verne a déjà fait le boulot. Qui pourrait faire mieux que *Vingt Mille Lieues* ?

Amoindries par le manque de lumière, ou exagérées par une imagination débridée par la perte des sens, nos visions sous-marines ne sont que le reflet d'une réalité déformée par le prisme de l'eau, une réalité qui nous a échappé, faute de temps, faute de branchies. Peu importe. Gombessa le cœlacanthe nous a attirés vers un monde où tout reste à découvrir et à montrer. J'ai eu une intuition, alors j'ai laissé une palme dans la porte. Elle est ouverte, pour qu'on puisse recommencer. Car si nous sommes venus chercher un poisson-roi, ce sont son royaume, son écosystème qui nous incitent à y retourner encore. Souvent nous sommes remontés sans avoir vu le cœlacanthe mais jamais sans un nouveau souvenir. Combien d'espèces imprévisibles avons-nous croisées lors de nos profondes déambulations ? Des dizaines, et la plupart d'entre elles n'avaient jamais été illustrées vivantes, certaines jamais décrites. Devant le barbier à pois mauve, les bancs de poissons ananas, le poisson scorpion à long bec, la morue cuivrée, le barbier perroquet, le poisson feuille-d'automne, la cardine franche, le limbert à filament, le gobie d'Andromède, j'ai pris conscience d'un grand paradoxe de notre époque : le vivant s'érode de toute part, les espèces disparaissent à raison d'une toutes les vingt minutes, et pourtant une vie entière, même sans paliers de décompression obligatoires, ne suffirait pas à illustrer les créatures qui ne l'ont jamais été.

Quelques mois avant d'écrire ces lignes, en cette année 2024, deux témoignages inespérés me sont parvenus. Deux plongeurs profonds ont croisé le cœlacanthe l'été dernier, dans des régions bien éloignées l'une de l'autre. Aux deux extrémités de l'océan Indien, dans le sud-ouest tropical et le nord-est équatorial ; preuve que le cœlacanthe est plus discret que rare. Ces plongeurs connaissaient mon histoire, et tous deux m'ont invité à les rejoindre... bientôt. Il y a encore tellement à apprendre sur ce vieux cousin des abysses. Après tout, que savons-nous du cœlacanthe ? Presque rien, à part qu'il existe. Au cœur des profondeurs crépusculaires se tiennent deux nouveaux théâtres où nous attend la diva Gombessa. L'intuition était bonne, il y aura d'autres aventures.

Explorer les pôles

Jean-Louis Étienne

Je suis né dans un village du Tarn, un département de campagnes et de collines. La nature était mon refuge, une toise aux défis que je m'inventais ; sans que je sache pourquoi, je m'imaginais toujours en « expédition ». Je rêvais de montagne, je voulais devenir alpiniste. À quatorze ans, avec mes premiers sous gagnés en tenant le jalon pour l'Institut géographique national, qui dessinait les courbes de niveau sur les cartes d'état-major de la commune, je m'étais acheté un sac de couchage dont le modèle s'appelait « Pôle Nord ». J'avais établi une première liste de matériel, à partir du catalogue de La Hutte, pour aller camper dans les Pyrénées en décembre. Ce n'est resté qu'un rêve, mais aujourd'hui, à l'aune de mon parcours, je m'interroge : pourquoi en hiver, et apparemment seul ? Mon attirance précoce pour la montagne, la neige, l'âtre, le feu dans la cheminée, était – me semble-t-il – une réponse à un appel intérieur. Le timide que j'étais ne savait bien composer qu'avec lui-même. Et sous cette apparente fragilité germait le besoin d'un engagement fort, volontiers à la marge du monde. J'étais très indépendant.

À l'adolescence, j'entrai en formation professionnelle dans un collège technique. J'étais pensionnaire et la vie de groupe avec des copains de classe me convenait assez bien. La structuration du temps imposait une discipline propice au travail. Les cours de technologie, le dessin industriel à l'encre de Chine, les cours de culture générale et le travail en atelier me plaisaient. Et sous la férule de Mlle Pujol, je pris goût aux mathématiques. Dans cet établissement, une section d'élite appelée TM (Technique mathématique) préparait les meilleurs élèves au bac technique tout nouvellement créé. J'en fis mon objectif et après deux années de formation au CAP de tourneur-fraiseur, on me proposa de continuer dans cette filière du bac, une promotion dont j'étais fier. Qu'allais-je faire avec ce diplôme que je n'avais jamais imaginé ? Ingénieur, architecte… je décidais de faire médecine, par vif intérêt pour les sciences naturelles et désir d'une implication sociale. À la fin de la deuxième année de médecine, j'avais demandé à un chirurgien chef de clinique d'assister à ses interventions. Chaque matin je revêtais la blouse blanche, le calot et le masque et j'entrais dans le saint des saints, le bloc opératoire. Une intense concentration régnait entre ses quatre murs et je m'y sentais bien. Un jour du mois d'août, en fin de matinée, alors que les interventions programmées étaient achevées, arriva une urgence de la main. L'interne était déjà monté dans le service et le chirurgien interpella la chef du bloc :

« Madame Massat, s'il vous plaît, faites habiller Étienne ! »

Habiller Étienne ! Comme mon cœur battait ! Pour la première fois je revêtais le costume de chirurgien, je pénétrais dans le cercle rapproché, j'officiais comme aide opératoire. Ce fut un grand moment de ma vie d'étudiant, une sorte d'adoubement. La chirurgie fut une révélation. Immense est ma reconnaissance envers ce chirurgien dont je devins plus tard l'interne, avec une passion particulière pour l'orthopédie. Le geste opératoire comblait mon goût inné pour le travail manuel. L'intensité du silence, la concentration, le geste appliqué sous le scialytique, je me retrouvais dans ce huis clos. Mais après deux années d'internat en chirurgie, les rêves d'expéditions de l'enfance n'étaient pas totalement évanouis. Je n'étais ni marin ni vraiment alpiniste mais je pouvais proposer mes compétences de médecin.

Première tentative polaire, pour mon service national, j'avais postulé pour être médecin à la station française Dumont-d'Urville en Antarctique mais je n'avais pas été retenu car on prenait les médecins formés aux écoles de santé des armées. J'ai donc fait mon service national au service de santé des gens de mer, à Marseille, une médecine du travail pour les marins du commerce et les pêcheurs. Je fis la connaissance du père Jaouen qui me proposa d'embarquer comme médecin sur le *Bel Espoir* pour une traversée de l'Atlantique avec un panel de jeunes en réinsertion. Je découvris la mer, le large, un immense espace de liberté qui emmenait au bout du monde.

Par un heureux hasard organisé, je rencontrai Éric Tabarly à l'aéroport de Rio. Je revenais de Patagonie après une tentative d'ascension du Fitz Roy, il était en escale durant une course, le Triangle atlantique. Je lui ai proposé mes services de médecin, il m'a demandé mon adresse. Un an plus tard, je reçus une lettre écrite de sa main ; il me proposait d'embarquer sur *Pen Duick VI* pour la Transpacifique Los Angeles-Honolulu et la course autour du monde, la Whitbread 1977-1978. J'avais trouvé un poste d'assistant chercheur à la fac de médecine mais je n'ai pas hésité un instant. En arrivant à bord, j'étais un peu perdu sur le pont de ce bateau de course. J'avais comme seule expérience le vieux gréement du *Bel Espoir*. Heureusement, j'allais vite apprendre de mes compagnons de quart, Philippe Poupon, Titouan Lamazou, Olivier Petit, avec lesquels j'allais passer un an à bord. Éric Tabarly m'avait donné la chance d'embarquer sur un navire prestigieux, de connaître la mer, d'apprendre à naviguer, de vivre une exceptionnelle aventure dans l'intimité d'une équipe où s'étaient bâties de solides amitiés. Le pas était franchi, la mer m'avait adopté et je me sentais marin, pas un régatier, mais un voyageur du large. Ouvert sur le monde, l'océan répondait à mes attentes d'engagement et de liberté.

Le premier iceberg

Fruit de mes lectures et récits de voyages, j'avais repéré sur la côte ouest du Groenland une très belle paroi verticale de 800 mètres qui jaillissait de l'océan. « Voile et Alpinisme » était le nom de ma première expédition, une synthèse des deux mondes, la montagne et la mer, l'occasion de réunir les marins de *Pen Duick VI* et mes amis alpinistes avec lesquels je grimpais. Le 14 juillet 1979, on quittait le port de La Trinité pour le Groenland à bord de *Japy-Hermes*, un voilier qui avait participé à la course autour du monde. On dut virer large le cap

Farewell, très encombré par des glaces dérivantes qui descendent de l'océan Arctique sur la côte est du Groenland. Après le passage de ce « cap Horn » de notre hémisphère, où naissent les dépressions qui arrivent en Europe, on fit route vers le nord.

« Glace en vue ! » dit le barreur.

Bruno prit les jumelles et monta en haut du mât.

« Les gars, c'est un iceberg, il est énorme ! »

Il fallut près d'une heure pour atteindre la cathédrale de glace qui s'érigeait devant nous. En arrivant à proximité, on laissa le bateau glisser lentement jusqu'au pied de cette gigantesque sculpture. Et soudain… le silence. L'émotion était trop forte pour laisser échapper quelques mots ordinaires. Puissance, pureté, fascination, ça nous dépassait. On s'est mis à tourner autour de cette île à la dérive. Ciselé par l'érosion de la mer, du soleil et du vent, le monument de glace dévoilait ses formes multiples et la palette de ses bleus. Ses pieds de colosse turquoise élargissaient sa stature sous-marine, imposant de prendre un peu de distance. Il charriait quelques roches et de la boue gelée arrachées à la moraine de sa vallée glaciaire d'origine. Les eaux de fonte de cette île éphémère ruisselaient dans la mer, lente métamorphose jusqu'à sa disparition lointaine. Je savais à cet instant que je ne m'étais pas trompé, les hautes latitudes imprégneraient ma vie. En quittant le Sud-Groenland, ce *goodbye farewell* résonnait en mon cœur comme une invitation à revenir.

Le pôle Nord en solitaire

Je m'étais éloigné de l'internat en chirurgie mais je n'avais pas pour autant abandonné l'univers médical. Je faisais des remplacements de médecins généralistes, ce qui me laissait la liberté de partir en expédition. La médecine était mon passeport pour accéder à de grandes aventures. Le Broad Peak, un 8000 himalayen en 1981, puis la face nord de l'Everest en 1983 avec une super-équipe d'alpinistes français. Je prenais ma part en montant des charges en altitude. On était en septembre, et le climat se dégradait. Quatre membres de l'équipe se trouvaient bloqués par la tempête à 8200 mètres d'altitude. J'étais monté au camp II à 6500 mètres avec deux bouteilles d'oxygène pour pallier les premiers besoins. Seul sous la tente secouée par des rafales de vent violent, je m'interrogeais sur mon avenir. J'allais avoir trente-huit ans, cela faisait plus de dix ans que je faisais des expéditions. Le temps était venu de faire mon aventure, mon cap Horn, mon Everest. Le pôle Nord s'est imposé comme une évidence.

Le pôle Nord géographique, où se situe l'axe de rotation de la Terre, est au milieu de l'océan glacial Arctique. Marcher sur la banquise dans une ambiance glacée de haute montagne était une synthèse entre deux univers que je connaissais. Tirer un traîneau accroché à la taille ne demande pas de formation particulière, on comprend tout de suite qu'il va falloir s'arc-bouter à la charge. Après des années d'expérience je me sentais capable, « super-campeur », la seule compétence requise pour endurer à long terme les sévères conditions climatiques. Le pôle Nord était dans mes cordes. Je décidai d'y aller seul pour avoir l'entière maîtrise de mes décisions, composer avec mes forces, mes faiblesses et mes doutes.

Ce n'était pas facile d'obtenir des informations de terrain – peu de personnes avec qui échanger. Hormis les historiques qui revendiquent la victoire – Cook en 1908 et Peary en 1909, seulement trois expéditions avaient atteint le pôle Nord sans engins motorisés : Wally Herbert en 1969, chef d'une expédition britannique à traîneaux à chiens, le Japonais Uemura Naomi en 1978 en solitaire avec des chiens de traîneau et quatre Finlandais en 1984 en tirant leur traîneau.

Durant l'été, je me rendis à Resolute Bay, un village à l'extrême nord du Nunavut d'où partent toutes les expéditions. L'unique auberge était tenue par un Indien originaire de Madras, Bezal Jesudasson, installé là depuis une quinzaine d'années après avoir travaillé dans les puits de pétrole en Alaska. Il en avait vu, des aventuriers du pôle, ceux qui viennent voir et ne reviennent pas, ceux qui passent quelques nuits sous la tente par –30 °C à Resolute Bay et qui rentrent à la maison, ceux qui abandonnent après trois jours sur la banquise. Il ne croyait pas du tout à ma tentative en solitaire, il me donnait 1 % de chance d'atteindre le pôle Nord. Résolu, je me rendis en Finlande à la rencontre des premiers vainqueurs du pôle à ski en 1984. C'étaient de grands gaillards solides qui connaissaient les rigueurs du Nord depuis l'enfance. Ils m'accueillirent avec une chaleur toute scandinave et me prodiguèrent quelques conseils de base :

« Sur ce désert de glace, il y a deux risques majeurs : l'attaque d'un ours et passer à l'eau à travers une jeune banquise fragile. Votre aventure en solitaire me paraît risquée car vous n'aurez personne pour vous assurer sur la traversée des plaques de glace fraîchement regelées. »

Je revins avec une liste de matériel qui se résumait finalement à peu de choses : un traîneau, une tente facile à monter par tout temps, un réchaud avec un combustible qui reste fluide à –60 °C, une nourriture équilibrée riche en corps gras et un bon sac de couchage.

Le 3 mars 1985, un petit avion sur skis me déposa au nord de l'île d'Ellesmere. Je découvrais l'océan Arctique, un chaos de murailles et d'amoncellement de glaces difficiles à franchir avec un traîneau de plus de 100 kilos. Après une première journée de marche exténuante, je me réfugiai sous la tente. Faire fondre la glace, prendre une boisson chaude, un repas lyophilisé et me glisser dans le sac de couchage. Il faisait –48 °C, une immersion brutale dans ce froid extrême que je ressentais pour la première fois. En ce début mars, les journées étaient encore assez courtes, et je calais mon temps de marche sur les huit heures de visibilité suffisante. En 1985, il n'y avait pas de GPS, je me dirigeais avec le soleil et on me localisait grâce à une balise Argos, un prototype que m'avait fabriqué le Centre national d'études spatiales. Mon ami Michel Franco s'était installé chez Bezal à Resolute Bay d'où il interrogeait le terminal Argos et me transmettait ma position de la veille par radio tous les soirs à 19 heures. Ma progression était très lente. À la fin de la première semaine, je n'avais parcouru qu'une soixantaine de kilomètres, un kilomètre à l'heure ! Les Finlandais m'avaient alerté sur les premiers trois cents kilomètres qui sont les plus difficiles car la banquise, poussée par le courant de dérive, vient s'écraser sur la côte nord du Canada.

Je me trouvais bien seul sur ce chaos tectonique. Le pôle à près de mille kilomètres me paraissait inaccessible, mais je décidai d'aller jusqu'au bout du possible.

Au quinzième jour la banquise sonna l'alerte ; je me fracassai l'épaule droite en chutant d'une crête de compression de glace. Un peu sonné, je m'assis un instant. Très vite rattrapé par le froid, je ne devais pas tergiverser. Je me remis en marche mais je n'avais plus assez de force pour tirer le traîneau. Le diagnostic était sans appel, la décision d'abandonner s'imposait. Je me trouvais, abasourdi, sur une autre planète à décider de mon destin, ce n'était pas facile. Je me suis réfugié sous la tente et j'ai appelé le camp de base. Par chance la communication était assez bonne :

« Bien compris, Jean-Louis, mets ta balise Argos en route pour qu'on puisse te repérer. On devrait pouvoir venir te chercher demain si les conditions sont favorables. »

À mon retour à Resolute, Bezal m'accueillit chaleureusement ; 1 % de chance, il n'avait pas tout à fait tort. Mais je n'étais pas effondré pour autant. Certes, j'avais cruellement souffert du froid mais j'avais appris de ces deux semaines d'expérience dans cet univers polaire des plus exigeant. Il fallait améliorer le traîneau et le sac de couchage.

Avec un ami spécialiste des matériaux composites, on construisit un traîneau en kevlar de 3 kilos, ce qui créa la confusion à l'aéroport de Resolute Bay :

« Monsieur, m'interpella un Inuk qui déchargeait l'avion, il n'y a pas le traîneau, on n'a reçu que l'emballage. »

Je repartais confiant, même si avec un peu d'ironie Bezal ne m'accordait que 2 % de chance.

Le 2 mars 1986, le *Twin Otter* me déposa sur la plage gelée de Ward Hunt Island à l'extrême nord du Canada. Je m'engageais à nouveau dans les entrailles de glace de l'océan Arctique qui s'étendait devant moi. Le traîneau de dernière technologie glissait bien plus facilement, un net progrès. Mais, malgré le nouveau sac de couchage, les nuits étaient toujours aussi glaciales. La nuit du 6 mars, je me réveillai en grelottant pour la deuxième fois à seulement 2 heures du matin, avec la sombre perspective de devoir rester encore immobile pendant six heures. Dans le froid extrême, on ne trouve son salut que dans l'effort qui procure de la chaleur, mais j'étais condamné à l'inactivité et le jour n'était pas près de se lever. Pour limiter les pertes de chaleur, je me recroquevillai en position fœtale, incommodé régulièrement par une impérieuse envie d'uriner. Sans sortir du sac, je pissais dans une bouteille étanche que je me mettais sur le ventre ; l'urine chaude apportait un moment de réconfort qui m'aidait à m'endormir. Réveillé à nouveau en grelottant, je sentais que la marge de manœuvre se rétrécissait à chaque semonce du froid. Il faisait –52 °C, on atteignait l'insoutenable. Plus décourageant encore, il n'était que 4 heures du matin ; même le défilement du temps semblait ralenti par ce froid sidérant. Je commençais à m'inquiéter car je n'avais plus un grand choix vestimentaire ; il me restait encore à enfiler la parka que j'avais posée sur moi en guise de couverture. Je remettais sans cesse le moment de passer à l'acte, car s'extraire du sac de couchage était un moment de torture. Mais je n'avais pas d'autre choix, il fallait y aller, car je sombrais progressivement dans une apathie cérébrale. Dans un de ces moments incontrôlés où l'instinct de survie prend le dessus, je sortis le buste dans l'enfer glacial de la tente. Le froid était si lourd que j'eus le sentiment de soulever une chape de plomb. En enfilant cette camisole congelée, je sentis subitement mes bras, ma nuque et mon torse saisis par une horrible impression de rigidité cadavérique. Comme à l'issue de tout acte héroïque, j'eus la satisfaction d'être récompensé par un regain de bien-être et je m'endormis. Après un peu de répit, le froid frappa de nouveau à la porte. Quelle heure était-il ? Combien de temps ce calvaire allait-il s'éterniser ? Ça devenait angoissant. Je savais que la torture du froid ne prenait pas seulement possession de mon corps, elle m'entraînait sournoisement vers un engourdissement du cerveau, un ralentissement du jugement qui pouvait dangereusement conduire à l'inaction. Soudain, comme un naufragé trouve une bouée inespérée à laquelle s'accrocher, il me vint l'idée salvatrice de faire une boisson chaude, une évidence qui ne m'avait pas effleuré l'esprit, englué dans une viscosité mentale hypothermique. Respirer dans la chaleur du réchaud fut une résurrection, la pensée devenait plus fluide. Pourquoi n'y avais-je pas pensé plus tôt ? En situation de survie, mon mental bien conditionné ne s'octroyait aucune dérogation sur la gestion rigoureuse de la réserve de combustible. Chaque gorgée de thé chaud qui coulait dans mon estomac me permettait un extatique retour à la vie après une congélation annoncée. Ragaillardi, j'affrontais le froid avec l'énergie du combattant qui a trouvé la voie pour sauver sa peau aux frontières de la vie.

C'était début mars, une de mes toutes premières nuits sur la banquise. Allais-je pouvoir résister longtemps dans cette glaciale solitude ? Atteindre le pôle Nord me semblait par moment illusoire. Il revenait à moi seul de décider, avec ce qui me restait de lucidité, d'avancer sur cette planète hostile, vide de tout repère terrien.

Perturbées par la proximité du pôle magnétique, les communications hertziennes étaient aléatoires, de faible intensité, jusqu'à des black-out radio les jours de tempête solaire. Alors je ne recevais plus ma position, ce qui amplifiait mon sentiment de solitude extrême. Contourner les crêtes de compression, franchir des murailles de glace, la route du pôle n'emprunte pas le chemin le plus court. Pour traverser les cassures de banquise fraîchement regelées, je me désolidarisais du traîneau, j'accrochais une corde sur une broche vissée dans la glace et avançais corde tendue de façon à pouvoir me hisser jusqu'à la glace solide si je passais à travers. Arrivé de l'autre côté, je tirais le traîneau jusqu'à moi, je plantais une broche et refaisais le chemin inverse pour récupérer la broche du point de départ. Je faisais ainsi trois fois la même traversée. Mon acharnement se nourrissait d'une routine invariable : réveil à 6 heures, départ 8 heures, huit heures de marche ininterrompue, installation du camp, goûter, écriture, sieste, communication radio à 19 heures où je recevais la position de la veille, dîner et enfouissement dans le sac de couchage jusqu'au réveil à 6 heures.

Il me fallut soixante-trois jours, tirant le traîneau attelé à ma taille, pour atteindre ce point immatériel au cœur de l'océan glacial Arctique. Il n'y a rien au pôle, rien n'indique que vous êtes sur l'axe de rotation de la Terre. Entraînée par le vent et le courant de dérive transpolaire, la banquise s'y renouvelle sans cesse. Le 11 mai 1986 à 2 heures du matin, guidé par le soleil et une navigation à l'estime, je décidai que je venais d'atteindre le pôle

Nord. Un immense soulagement m'envahit, il n'y avait plus rien à conquérir, ni la banquise ni moi-même. J'y étais enfin arrivé, après un si long parcours chaotique et une première tentative l'année précédente. Au firmament, léger comme un ange, toutes les cellules de mon corps semblaient heureuses, un apaisement total, rarement ressenti. Je me suis décroché du traîneau et j'ai fait quelques pas sur la banquise, enfin libre, libéré de cet ambitieux projet que je m'étais inventé, aller seul au pôle Nord. La balise Argos confirma ma position, un incroyable 89° 993. Grâce à la mesure du satellite, j'étais le premier homme à être localisé précisément sur l'axe de rotation de la Terre.

Le pôle Nord en solitaire marquait un tournant. Durant cette aventure initiatique, j'ai appris à résister à la tentation de l'abandon, j'ai compris qu'on ne repousse pas ses limites, on se découvre, on a des capacités que l'on ignore. Cette audacieuse aventure que je venais de réussir confortait ce qui allait à l'avenir structurer ma vie. Dans mon journal, à la page de mon arrivée au pôle, j'ai écrit : « *Désormais, j'imaginerai et monterai mes propres expéditions. Désormais, je ferai vivre mes rêves et les partagerai. Le temps de mon existence sera celui de mes projets.* »

TransAntarctica, la grande traversée de l'Antarctique

Ce projet est né sur la banquise du pôle Nord le 13 avril 1986. Comme tous les soirs après huit heures de marche ininterrompue à tirer mon traîneau, je montai la tente et, après un goûter très énergétique, je m'allongeai dans le sac de couchage pour une heure de sieste. Dans un sommeil profond, je fus réveillé par de drôles de cris que j'eus du mal à identifier. Je crus d'abord entendre un ours avant de me rendre compte avec soulagement qu'il s'agissait de cris de chiens. Je sortis rapidement et escaladai la muraille de glace derrière laquelle je m'étais mis à l'abri. C'étaient bien les attelages de l'expédition américaine. Surpris de voir subitement quelqu'un surgir de la glace, un membre de l'équipe se dirigea vers moi en courant.

« *You are Jean-Louis Étienne ?*

— *Yes, I am. You are Will Steger ?*

— *Yes, I am.* »

On se prit dans les bras l'un de l'autre, marque de reconnaissance et de soutien réciproque sur ce chemin difficile. On se blottit sous ma tente, le temps d'échanger quelques mots. On ne vivait pas sur le même fuseau horaire, ils avaient encore quatre heures de marche. Je rejoignis leur camp le lendemain en suivant leurs traces. En partageant avec moi un café, Will me dit sérieusement :

« Tu serais intéressé pour une traversée de l'Antarctique ?

— Will, bien sûr que ça m'intéresse, mais terminons d'abord le travail au pôle Nord et voyons-nous cet été. »

Nous nous sommes revus au mois d'août chez lui dans une forêt au nord du Minnesota, où il élevait ses chiens. Il vivait dans une cabane de rêve perchée au-dessus d'un lac. C'est là qu'est né cet ambitieux projet de traverser l'Antarctique. Will déplia la carte du pôle Sud et traça du doigt la route qu'il projetait : la plus grande traversée de l'Antarctique, de l'extrémité de la péninsule à la côte de l'océan Indien en passant par le pôle Sud.

« Ça fait 6300 kilomètres, il faut prévoir sept mois avec une moyenne de 30 kilomètres par jour. Les chiens peuvent le faire, me dit Will d'un air calme et entendu qui me rassura. Il faut se répartir en trois attelages de douze chiens, deux mushers[1] par traîneau : ça fait une expédition de six personnes. »

Will fit une proposition d'équipe très anglo-saxonne. Je suggérai de constituer un groupe représentant un ensemble de nations bien implantées en Antarctique, de prendre entre autres un Chinois et un Russe. Avoir deux membres de pays communistes l'intriguait. Mais il adhéra vite à l'idée quand il saisit que cette expédition devait être un engagement majeur, symbolique, pour la protection de l'environnement en Antarctique.

Nous pourrions être prêts à faire cette traversée en 1989-1990. Le choix de la date était important car en octobre 1989 se tiendrait à Paris la conférence consultative du traité sur l'Antarctique. Les travaux de cette conférence devaient porter essentiellement sur la protection de l'environnement, notamment la réglementation des activités relatives aux ressources minières. Une convention en cours d'écriture, la convention de Wellington, devait y être ratifiée, autorisant sous certaines conditions l'accès à l'exploitation des richesses. Une brèche dans le traité sur l'Antarctique qui dédiait ce continent exclusivement aux activités pacifiques et scientifiques. À travers cet engagement, nous voulions attirer l'attention du monde sur l'avenir du continent

1. Musher : conducteur d'un attelage de chiens de traîneau.

blanc et dénoncer cette initiative rampante. Je suggérais « *L'Antarctique n'est pas un continent pour l'Homme, c'est un continent pour la Terre* » : Will valida cette devise. De son côté il sélectionna le Japonais Keizo Funatsu et l'Anglais Geoff Somers, deux mushers expérimentés. J'allais à Pékin présenter le projet qui reçut un accueil favorable, de même qu'à Moscou où j'arrivais à un moment charnière de l'URSS. Le président Mikhaïl Gorbatchev lançait des réformes économiques et sociales majeures, la *perestroïka*, littéralement « la reconstruction », et la *glasnost*, « la transparence », une politique de liberté d'expression et de publication d'informations. De plus, Arthur Tchilingarov, le vice-président de la Douma, était responsable des activités polaires de l'Union soviétique, ce qui nous permit de bénéficier d'une aide logistique considérable de la Russie.

Avant de se lancer dans la grande aventure, on traversa le Groenland du sud au nord au printemps 1988. Deux mois sur la calotte glaciaire, 2 000 kilomètres pour sélectionner les chiens, apprendre à mener un attelage et mieux nous connaître. Ce fut en soi une véritable expédition, nous étions prêts.

Fin juillet 1989, un gros-porteur russe, un Iliouchine 76, nous déposa sur l'île du Roi-George au nord de la péninsule Antarctique. Les chiens retrouvaient enfin le froid et une phénoménale énergie, parfois difficile à contrôler. Comme nous étions partis en plein cœur de l'hiver, les deux premiers mois sur la péninsule furent les plus difficiles à cause du relief montagneux, des crevasses et des tempêtes. Nous restions parfois des journées entières bloqués sous la tente qu'il fallait régulièrement déneiger pour ne pas se laisser enfouir. L'arrivée sur le plateau Antarctique fut une libération. Le plus difficile était fait, restait encore 4000 kilomètres à parcourir sur l'immensité plate et monotone de la calotte glaciaire. Nous n'avions pas de GPS ni de téléphone, les communications se faisaient par radio. Au hasard de la propagation hertzienne, je captais RFI, BBC World News, Voice of America, et partageais les actualités du monde avec l'équipe. Le 9 novembre, ce fut la chute du mur de Berlin et l'effondrement du bloc soviétique, une révolution vécue en direct et loin de son pays par Viktor Boyarsky. En décembre 1989, le Dalaï-lama s'est vu décerner le prix Nobel de la paix, ce qui ne réjouit pas le Chinois Dahe Qin. Malgré ces évènements majeurs que nous partagions, la neutralité politique dans nos discussions était de mise, chacun étant autoproclamé ambassadeur de son pays. C'est ce qui a permis pendant sept mois dans des conditions climatiques sévères de maintenir une cohésion dans l'équipe – d'autant que nous ne parlions pas la même langue, ce qui apaisait certaines incompréhensions et limitait les écarts de langage.

L'arrivée au pôle Sud fut célébrée comme une première victoire. Nous n'étions pourtant pas au bout de nos peines, encore 2500 kilomètres nous séparaient de l'océan Indien. Avec un enthousiasme qui ne faiblissait pas, les chiens nous emmenèrent jusqu'à la station russe de Vostok à 3600 mètres d'altitude. Il faisait –49 °C en plein été, la température la plus basse que nous ayons connue pendant toute la traversée. Enfin, le 3 mars 1990, l'arrivée à la base russe Mirny sur la côte de l'océan Indien fut un heureux dénouement après sept mois de traversée, un engagement sans faille que les chiens avaient assumé avec une moyenne de 33 kilomètres par jour.

À Mirny, on apprit que la convention de Wellington autorisant l'exploitation minière n'avait pas été ratifiée à Paris. Les États membres du traité de l'Antarctique se sont accordé un moratoire de cinquante ans avant toute décision, une sage résolution qui s'est concrétisée par le protocole de Madrid, entré en vigueur en 1998. Les États signataires se sont engagés à ne pas exploiter les richesses potentielles au-delà du 60° sud jusqu'en 2048.

L'expédition TransAntarctica avait été très suivie à l'international par les médias, le grand public et les scolaires, et avait apporté sa part à cet engagement des nations pour la protection de l'Antarctique. Dans le mois qui suivit notre retour, nous fûmes accueillis par le président George Bush père, le président Mitterrand, le Premier ministre du Japon, le président de la Chine ou encore Edouard Chevardnadze, le ministre des Affaires étrangères de Gorbatchev, grand artisan de la fin de la guerre froide. Ces marques de bienvenue officielles étaient un gage de reconnaissance et mettaient en exergue la légitimité que donne l'engagement sur le terrain.

Quel avenir pour l'Antarctique ?

À l'occasion d'un symposium sur l'Antarctique, où j'étais invité à parler de cette expédition, Claude Lorius, éminent glaciologue, présenta la courbe des variations climatiques de la planète sur 800 000 ans à partir de l'analyse des carottes de glace collectées à 3 000 mètres de profondeur sur la calotte polaire.

« On voit que la Terre a sa vie propre, des alternances de périodes glaciaires froides et interglaciaires plus chaude. Mais regardez, depuis cent cinquante ans, ce qui correspond au début de l'ère industrielle, on assiste une augmentation rapide de la température moyenne parallèlement à la teneur en CO_2 de l'atmosphère. C'est incontestablement la signature de la responsabilité humaine du réchauffement climatique. »

C'était en 1990 et Claude Lorius ajouta : « Le processus est enclenché », une phrase lourde de sens qui illustre l'inéluctabilité du phénomène, difficile à endiguer si nous n'agissons pas très vite sur la décarbonation de l'énergie.

Aujourd'hui, l'Antarctique est sous le coup d'une double menace, à la fois climatique et environnementale. Le réchauffement dégrade la surface de banquise qui entoure le continent en hiver, portant atteinte à l'importante activité biologique sous-jacente. De plus, l'élévation de la température et du niveau de l'océan Austral – quelques dixièmes suffisent – érodent les plateformes de glace flottantes, entraînant des libérations massives d'icebergs. À noter que l'on ne pourrait plus refaire l'expédition TransAntarctica dans son intégralité aujourd'hui, car les 600 premiers kilomètres de plateforme de glace sur laquelle nous avions progressé, le Larsen Iceshelf, se sont détachés de la péninsule Antarctique en 1995.

Les scientifiques sonnent l'alarme sur la biodiversité : le krill, un petit crustacé proche de la crevette qui est la clé de voûte du réseau alimentaire de toutes les espèces de l'océan Austral, est aujourd'hui menacé par la surpêche des navires-usines. Le krill est transformé en farine de poisson pour la pisciculture des poissons haut de gamme comme le saumon, le bar ou la daurade. Les projets d'aires marines protégées pâtissent toujours du refus des Russes et des Chinois.

Il y a également une alerte environnementale : de gigantesques réserves de pétrole et de gaz auraient été identifiées dans le sous-sol de ce continent qui n'appartient à personne. Dans ce monde de convoitises territoriales débridées, « *l'Antarctique n'est pas un continent pour l'Homme, c'est un continent pour la Terre* » est plus que jamais à défendre.

Antarctica, un grand voilier polaire

Du pôle Nord on ne domine rien, ce n'est pas l'ascension d'une montagne, c'est un rendez-vous au milieu d'un océan gelé sans repère, un sommet invisible que l'on porte en soi. J'en revenais plus solide, confiant dans ma capacité à mener des missions d'exploration. Le temps était venu de lancer la construction d'un navire d'expéditions polaires.

J'avais en tête un projet bien précis pour ce bateau : refaire la dérive arctique du Norvégien Fridtjof Nansen. En 1896, son navire, le *Fram*, était sorti indemne du puissant étau de la glace après trois années de dérive à travers l'océan Arctique. C'était le navire dont il fallait s'inspirer, capable de supporter la pression titanesque de la banquise. Nansen était pour moi un phare, un scientifique de terrain, esprit libre et créatif qui avait imaginé et fait construire le *Fram* pour aller à la découverte du pôle Nord tant convoité. Humaniste, il œuvra pour donner un statut aux apatrides de la Première Guerre mondiale, le fameux « passeport Nansen », qui lui valut le prix Nobel de la paix. Un siècle après, je m'engageai dans son sillage.

Avant même les premières ébauches de plan, j'allai à Oslo visiter le musée du *Fram* où le célèbre navire est exposé. J'avais au préalable demandé un entretien avec le directeur de l'institut Fridtjof-Nansen pour l'informer de mon projet. L'institut était hébergé dans l'ancienne maison de Nansen, et j'eus droit à une visite privée de son bureau, conservé en l'état depuis sa mort en 1930. La personne qui m'accompagnait eut l'extrême délicatesse de me laisser seul un instant. Je me souviens d'avoir été intimidé par la présence si prégnante de l'explorateur. J'en ressentis d'ailleurs une certaine gêne : quelle était ma légitimité à partager l'intimité de la vie de ce grand homme ? Et d'ailleurs, étais-je à la hauteur de mes ambitions ? Le directeur, que je saluai après la visite, me rassura et me remercia de porter à la connaissance du monde la mémoire de cet homme si cher au cœur des Norvégiens.

Le cahier des charges se résumait ainsi : un navire dont la structure est capable d'endurer le serrage de l'étau des glaces, avec une forme arrondie lui permettant d'être soulevé par la banquise pour échapper aux forces d'écrasement. Une équipe fut rapidement constituée.

Architectes : Olivier Petit et Luc Bouvet. Coordinateur de la construction : l'ingénieur Michel Franco, l'homme du camp de base au pôle Nord en 1986.

Conseiller polaire : Christian de Marliave, docteur en mathématiques et grand connaisseur des régions polaires. Ce projet très innovant attirait de nombreux ingénieurs qui spontanément nous apportaient leur savoir et leur expérience. Avec enthousiasme et créativité, le navire prenait forme. En revanche, tant au niveau de l'administration que de l'agence de certification, je recevais assez peu d'encouragements. Tous s'interrogeaient sur la capacité de ce bateau à résister aux forces colossales de la banquise. Il fallait formuler des arguments, apporter des preuves, mais comment qualifier l'audace quand on ne s'inscrit pas dans la norme ? À l'occasion d'un voyage à Toulouse, je rencontrai Yves Mégret ; nous étions ensemble en classe mathématique et il avait fait du chemin ; agrégé de mécanique, professeur à l'Insa et à l'École supérieure aéronautique, il me proposa ses services :

« Nous avons reçu à Sup Aéro un tout nouveau logiciel, Catia, de Dassault Aviation, avec lequel je dois pouvoir simuler les contraintes exercées par les mouvements de la banquise sur la coque. On peut faire ça cet été quand les élèves seront en vacances. »

Yves comblait un vide, ce qui rassura les experts.

Le bateau fut construit en dix mois par la Société française de construction navale, un chantier situé sur les bords de la Seine à Villeneuve-la-Garenne, dirigé d'une main de maître par Jeanne-Marie Baudron. Chaudronniers, menuisiers, mécaniciens, plombiers, électriciens, soudeurs, tous étaient à l'œuvre pour livrer dans les temps ce navire d'exception. À chaque visite du chantier, le rêve de bateau prenait corps. J'étais impressionné par le travail de mise en forme des tôles en aluminium épaisses de 16 mm. La carène oblongue, lisse, tel un galet géant poli par la mer, endossait la promesse de son invincibilité dans le fracas des glaces dérivantes. Le navire fut mis à l'eau le 9 avril 1989. Il descendit la Seine jusqu'au Havre où il fut baptisé. On le nomma *Antarctica*. En guise de bouteille de champagne, on choisit un pain de glace qui éclata en mille morceaux sur l'étrave sous le regard de ses marraines et parrains, six enfants représentant le pays de chacun des membres de l'expédition TransAntarctica : Angleterre, Chine, États-Unis, France, Japon et Russie. Les pôles ne sont-ils pas ces lieux de la Terre où les méridiens de tous les pays se rejoignent ? *Antarctica* partait pour une longue vie de missions ininterrompues dédiées à la science et l'éducation sur les océans du monde.

La dérive arctique

La traversée du continent de glace avait attiré l'attention sur les enjeux de cette région du monde assez méconnue, et le producteur Georges Pernoud me proposa qu'*Antarctica* soit le fil conducteur d'une série pédagogique de 52 films de 13 minutes à diffuser au cours de l'année scolaire : la Patagonie, la Géorgie du Sud, l'Antarctique… S'ensuivit une expédition au volcan Erebus à l'issue de laquelle nous fîmes cap au nord. L'objectif était un hivernage au Spitzberg, un test de préparation pour le centenaire de la dérive arctique de Nansen, l'expédition pour laquelle j'avais fait construire ce bateau. C'était aussi une opportunité pour Jean-Claude Gascard, océanographe français spécialiste de l'océan Arctique, de préparer le programme scientifique qu'il allait conduire pendant nos deux années sur la banquise.

Nous avions prévu d'hiverner dans une petite baie à l'intérieur du Mijenfjorden, une enclave profonde sur la côte ouest du Spitzberg[1]. En ce début novembre 1995, il faisait –8 °C et l'eau du fjord commençait à se couvrir de son manteau de glace. La croûte de surface avait la transparence opaque du verre sablé. Nous étions à cet instant crucial du changement d'état de l'eau. Après cinq heures à pousser au moteur dans cette saumure épaisse, on pénétra enfin dans la petite baie de Fridtjof Amna. Dès l'arrêt des moteurs, la banquise nous immobilisa dans un silence de plomb. Sur cette mer figée, *Antarctica* s'est lentement mué en un refuge, dans lequel je me sentais tellement bien. Les jours de pleine lune donnaient à la neige l'épaisseur irréelle d'une nappe fluorescente. Aucune trace, rien, pas la moindre empreinte, tout semblait à découvrir comme à l'origine des temps. Les aurores boréales nous donnaient de temps en temps des nouvelles du soleil, instants de sublime beauté. J'étais venu ici me fondre dans cet art brut, dépouillé ; les forces de la nature ont toujours eu sur moi un effet cathartique apaisant.

À bord, chacun effectuait à son rythme ses tâches routinières. La sobriété de la vie, l'exil, la nuit permanente imposaient de faire appel à des ressources personnelles, le plus souvent insoupçonnées. Ce huis clos forçait à s'occuper de soi. Il faut rompre périodiquement

1. Le Spitzberg est une île polaire en mer du Groenland, à 700 kilomètres au nord de la Norvège.

avec la boulimie compulsive du monde pour retrouver les forces intrinsèques, authentiques de la simplicité. Le sevrage de soleil s'éternisa jusqu'au 16 février. Ce jour-là, en France, la radio annonça quatre minutes de soleil supplémentaires, quatre minutes auxquelles personne ne prêta attention. Mais au Spitzberg, à 77° 40'de latitude nord, le soleil s'est levé pour la première fois sur l'horizon. Pendant ces quelques petites minutes, le soleil fut à lui seul toute notre vie, et sa chaleur à peine perceptible, une éphémère résurrection. Après quatre mois de ténèbres, nous faisions à nouveau partie du monde.

À l'issue de cet hivernage, j'étais confiant dans la capacité d'*Antarctica* à nous conduire vers la prochaine étape : la dérive arctique. Nous étions prêts pour nous engager, un siècle après Nansen. Mais une nouvelle abrupte allait mettre un terme à ce projet que je nourrissais depuis plus de dix ans : mon partenaire financier interrompait brutalement le contrat ; changement de président, nouvelles inspirations, nouveaux objectifs. Il n'y avait pas d'alternative, il nous fallait rentrer en France. De retour du Spitzberg, je fus acculé par les difficultés financières. J'avais contracté un emprunt pour la construction d'*Antarctica* et la rupture du contrat de mon partenaire m'obligeait à le vendre. La séparation fut difficile, mais une chose me consolait : il était repris par Peter Blake, le célèbre et exceptionnel navigateur néo-zélandais. Peter était venu à Camaret-sur-Mer pour en prendre possession. Le lendemain, en quittant le port, je me suis arrêté un instant pour saluer une dernière fois *Antarctica* après ces dix années de vie commune. Debout sur le quai, je suis resté un court moment à contempler ce fier navire qui avait inspiré mes rêves d'expédition ; « Ne m'oublie pas » sont les derniers mots que je lui ai adressés.

Polar Observer : mission banquise

Loin de renoncer à de nouvelles expéditions, j'ai très vite refait vivre le rêve, profondément ancré, d'une dérive arctique. Certes, sans *Antarctica*[1], ce ne serait plus la réédition de l'aventure de Nansen, mais je décidai de laisser libre cours à une idée qui avait germé durant mon parcours solitaire au pôle Nord en 1986. Anéanti par trop d'efforts, j'avais imaginé revenir un jour me poser sur la banquise pour assister au spectacle des forces titanesques de la tectonique des plaques de glace : ses fractures, ses collisions, l'érection des crêtes de compression. M'installer au cœur de ce désert blanc dans le confort d'un cocon équipé de grands hublots, une simple cabine, un refuge flottant. Je revenais à ce qui me passionne dans toute expédition : concevoir, dessiner, construire un nouveau vaisseau. Ce serait le *Polar Observer*, une capsule bien isolée, autonome, zéro émission, alimentée en énergie par des panneaux photovoltaïques et une pile à hydrogène, un prototype avant-gardiste d'Air Liquide. Le 10 avril 2002, un MI8 de l'aviation russe me déposa au pôle Nord. J'avais comme seul compagnon un chien groenlandais qui devait me prévenir de la présence d'un ours. Plusieurs laboratoires de recherche m'avaient confié des capteurs que

1. *Antarctica* a fait la dérive arctique sous le nom de *Tara*.

j'activais périodiquement : ozone, photomètre, pollen, une sonde CTD (température et salinité) que j'immergeais à 800 mètres de profondeur et un filet à plancton. Il y a de la vie sous la banquise ! Ces données étaient précieuses car, en 2002, aucune mission de long terme n'avait encore été réalisée sur l'océan Arctique.

Dans ce désert blanc, mes seuls visiteurs étaient des oiseaux rares, la mythique mouette de Ross teintée de rose et la mouette ivoire d'un blanc immaculé. Je travaillais dehors quand l'une d'elles se posa près de moi. Sa seule présence, tranquille, miraculeusement si proche, sa quiétude à mes côtés étaient le plus bel accueil qu'elle pouvait me faire, la reconnaissance de mon appartenance à son monde, le sauvage, l'hors-humain. Je ne voulais plus qu'être entièrement là, fondu dans la nature. La mouette ivoire sauta sur ses pattes et prit son envol, je ne la revis plus. Abrité dans ce refuge cosmique, j'ai passé quatre mois en apesanteur loin du monde, à dériver sur la banquise au gré du courant et du vent sur cet immense océan de glace où j'avais rêvé d'être.

Les images satellites mettent en évidence une régression annuelle de sa surface à la fin de l'été. D'une année à l'autre, cette régression s'accroît car l'Arctique change de couleur et perd son effet albédo – la capacité des surfaces blanches à refléter le rayonnement solaire. La fonte de la banquise met à jour des surfaces d'eau libre qui captent le rayonnement solaire et accélèrent la liquéfaction de la glace à proximité. De plus, cette eau réchauffée gèlera plus tardivement. Ainsi, la banquise pluriannuelle, deux mètres d'épaisseur en moyenne, disparaît, remplacée progressivement par celle de l'année, moins d'un mètre d'épaisseur, qui fondra totalement à la fin de l'été. Dans un contexte de réchauffement climatique, l'Arctique est particulièrement touché : plus 4 °C de température moyenne en soixante-dix ans dans certaines régions. Le climat est une machine thermique alimentée par l'échange entre la chaleur constante des tropiques et le froid des pôles : on a « ouvert la porte du frigo » au pôle Nord, et ce froid va de plus en plus manquer à l'équilibre du climat de la Terre.

Polar POD : un navire vertical pour observer un océan de tempêtes

L'océan Austral qui entoure l'Antarctique est le seul océan qui fait le tour du monde sans être cloisonné par un continent. Les eaux de l'Indien, du Pacifique et de l'Atlantique s'y rejoignent et repartent pour un tour du monde des profondeurs. C'est un moteur essentiel de la circulation océanique mondiale. Ses eaux de surface sont balayées par de puissants vents d'ouest que les marins ont baptisé « quarantièmes rugissants » et « cinquantièmes hurlants » selon la latitude. Ces vents constants entraînent la circulation du courant circumpolaire Antarctique, le plus important courant marin de la planète – 150 millions de mètres cubes par seconde (ou 150 sverdrup), soit approximativement cent cinquante fois le débit de tous les fleuves du monde. Son immensité, sa situation géographique et les conditions climatiques extrêmes font que l'océan Austral est un acteur majeur du climat de la Terre. Du fait de son éloignement, de son isolement hors des zones de navigation traditionnelles, les campagnes océanographiques sont rares et ne se font qu'en été. Malgré les satellites, les animaux instrumentés, les balises Argo, l'Austral demeure le plus mal connu des océans. La communauté scientifique est unanime ; nous avons besoin d'explorations *in situ* tout au long de l'année. La question essentielle était : quel type de vaisseau permettrait de séjourner en permanence dans les « cinquantièmes » dans de bonnes conditions de sécurité et de confort ? Ce besoin, cette attente, m'ont inspiré le projet *Polar POD*. Laurent Mermier, du cabinet d'architecture navale Ship ST, s'est tout de suite passionné pour ce challenge technologique. Une évidence, pour rester stable dans la grosse mer : il faut un fort tirant d'eau[1] pour être pris dans des eaux stables profondes et limiter l'impact des vagues à la surface.

Les Américains du Scripps, le centre océanographique de San Diego en Californie, exploitaient le *Flip*, un navire vertical de 75 mètres de tirant d'eau construit par l'US Navy pour écouter les sous-marins dans le Pacifique. Ils le tractent en mer à l'horizontale et le basculent à la verticale par ballastage du caisson de fond. C'était ce principe qu'il fallait appliquer au *Polar POD*.

Jc suis parti en famille vivre à San Diego pour me rapprocher des personnes qui pilotaient le *Flip*. L'ingénieur en chef, le Franco-Américain Luc Lenain, nous fit part de son expérience et nous donna accès aux plans de ce vieux vaisseau construit en 1962. Une bonne base de réflexion, mais l'architecture tubulaire du *Flip* n'était pas adaptée à la fréquence des vagues de l'océan Austral,

1. Le tirant d'eau est la hauteur de la partie immergée d'un bateau.

il pouvait entrer en résonance avec la houle. Laurent et son équipe optèrent pour un treillis[1] qui est poreux à la vague, avec un flotteur intermédiaire immergé. Nous avons fait des maquettes testées au bassin à vagues d'Ifremer et de Centrale Nantes ; cela représente des années d'études. La stabilité verticale est remarquable, garante de bonnes conditions de vie à bord.

Propulsé par le courant circumpolaire et alimenté en énergie par six éoliennes, *Polar POD* est un navire « zéro émission ». Pour éviter les icebergs et rester sur la trajectoire circumpolaire, la manœuvrabilité est assurée par la surface des voiles déployées de façon asymétriques sur les ailes.

Les objectifs scientifiques sont répartis en quatre domaines. D'abord le climat, l'océan Austral en étant un acteur majeur. C'est en effet le principal puits de carbone océanique de la planète, qui absorberait 50 % du dioxyde de carbone recapturé par l'océan mondial, car le CO_2 se dissout davantage dans les eaux froides et les vagues déferlantes capturent de l'air. L'échange de CO_2 atmosphère-océan est très attendu et la stabilité verticale du *Polar POD* va permettre d'en faire une mesure précise. Le volet biodiversité relève aussi des performances du *Polar POD*. C'est un navire silencieux, pas de moteur de propulsion, pas de générateur en route ; des hydrophones (micros sous l'eau) installés sur la structure permettront, par une écoute passive, d'enregistrer un inventaire de la faune marine aux quatre saisons et apporter un éclairage sur la migration

1. Le flotteur du *Polar POD* est l'assemblage de trois tubes verticaux appelé treillis.

des espèces, du krill à la baleine bleue. Le troisième volet concerne l'impact des activités humaines. Même loin de la civilisation, l'océan Austral n'est pas épargné par celle-ci. Les analyses d'eau de mer vont permettre d'en mesurer l'impact : mercure, pesticides, polluants organiques permanents, microplastiques... Le quatrième volet est en lien avec les agences spatiales qui ont besoin de valider les observations faites par les satellites, ce qu'on appelle la « vérité du terrain », notamment la couleur de l'océan qui reflète la richesse en phytoplancton, et donc l'activité biologique que l'on pourrait évaluer et dont on pourrait suivre l'évolution depuis l'espace.

Cette mission scientifique est très attendue par la communauté scientifique internationale qui demande que *Polar POD* fasse deux fois le tour du continent de glace. Entraînée par le courant circumpolaire, en orbite autour de l'Antarctique, cette expédition devrait durer trois ans. Les huit membres de l'équipage seront relayés en mer tous les deux mois à l'aide du navire *Persévérance* dont le nom illustre l'engagement déployé pour ce projet hors norme.

Dans notre société très formatée, notre vision de l'innovation est prédéfinie par la norme. Il faudrait restaurer un positivisme de l'inconnu, oser l'audace, engager son imagination au-delà des certitudes pour que vive Jules Verne.

Pourquoi cette passion pour l'Arctique et l'Antarctique perdure-t-elle ? Au cœur des pôles où le sublime et l'épouvantable se côtoient, parfois avec violence, loin de la terre, dans cette retraite du monde, nous perdons nos repères. Contraints de passer du temps avec nous-mêmes, nous n'avons pas d'autre issue que d'apprendre à nous apprivoiser. C'est peut-être là que réside une clé du paradoxe, cet irrésistible attrait pour ce vide blanc. La lente traversée des déserts de glace donne de l'espace au temps et du relief à l'essentiel.

Les trois saisons du Léopard : record de profondeur africain en Kabylie

Luc-Henri Fage

Été 1983.

Je viens de descendre un puits de 12 mètres, suivi d'un second de la même profondeur, et me voici dans une salle assez large. D'en haut, Tinho me jette un : « Ça continue ? » dubitatif.

J'espère bien que cette belle aventure ne va pas s'arrêter bêtement comme ça, à 900 mètres de profondeur ! Tous ces efforts, avec notre petite équipe à Pâques et celle élargie de l'été, pour se retrouver bloqués si près du premier « moins mille » africain ? J'inspecte la salle dont l'étrange morphologie tranche avec les paysages souterrains rencontrés jusqu'ici. En contrebas, ma lumière éveille – pour la première fois de son existence – un lac couleur émeraude qui semble narguer le baigneur. Avec une eau à 5 °C, ce sera pour une autre fois.

À l'opposé se trouve une pyramide de gros blocs au travers desquels monte le doux murmure de l'eau. Une rivière ? Galvanisé à cette idée, je trouve le passage à travers les blocs de cette trémie[1] et 4 mètres plus bas, me voici dans une galerie étroite et haute, en ogive, au fond de laquelle coule une rivière !

Une rivière sous terre, c'est le Graal du spéléologue, la preuve que nous sommes au cœur du réseau actif, ce réacteur physico-chimique qui continue inlassablement de creuser les formes de la caverne, de l'évider, embarquant dans son flux les molécules dissoutes de carbonate de calcium.

Ce qui me semblait impensable – trouver une rivière souterraine active début août en Algérie – relève du miracle. Et pourtant, il y coule bien 10 litres d'eau par seconde…

Dire qu'à Pâques, nous avions dû renoncer parce qu'il y avait trop d'eau dans les grands puits à la profondeur de 725 mètres ! Le redoux faisait fondre les névés en surface, alimentant des cataractes d'eau glacée qui percolaient le calcaire par mille et une fissures invisibles et convergeaient dans la zone des puits… Je n'ose imaginer la crue qui devait alors submerger cette petite galerie, balayée par une furie aquatique.

Pour l'heure, ma belle rivière file dans l'inconnu. En proie à une frénésie compréhensible, je cavale dedans, bouleversé par la chance qui est la mienne. Après tout, la « première », c'est-à-dire « la première exploration », est la quintessence de la spéléologie, notre raison majeure d'aller sous terre. C'est pour ces instants que l'on supporte tout le reste, les efforts dans le froid, les franchissements d'étroitures, les puits interminables, les nuits sans étoile et les

1. Les spéléos désignent par ce mot emprunté aux mineurs un amoncellement de blocs plus ou moins stables qui obstruent un puits. Franchir une trémie est souvent risqué.

bains de boue… C'est ce goût de l'exploration, sans doute, qui m'a attiré très jeune vers les entrailles de la Terre, persuadé d'être arrivé trop tard dans un monde trop connu.

Privilège rare de l'explorateur, ce géographe du monde souterrain, je baptise la rivière « Emria », en souvenir d'une charmante Algérienne avec qui nous avons sympathisé sur le bateau.

La réalité me rattrape : un ressaut de 7 mètres se présente et je n'ai plus de corde. Je me coince en opposition, les pieds calés sur la paroi en face, les fesses sur l'autre, comme un pont jeté au-dessus de l'eau, pour attendre Michel et Tinho qui suivent en levant la topographie, avec 100 mètres de corde dans leur sac. Tandis que le froid insidieux s'insinue dans ma carcasse, je me remémore les événements qui se sont succédé depuis Pâques 1983 et qui nous ont amenés, nous, les six jeunes spéléologues de « Couscous 83 », qui n'avions à l'époque jamais dépassé la profondeur de 600 mètres sous terre, à faire d'un gouffre modeste le plus profond d'Algérie, et d'Afrique.

La neige de printemps

Arrêt sur rien

C'est au cours d'une de nos explorations dans les monts du Vaucluse que Denis m'a mis l'eau à la bouche :

« Un gouffre, en Algérie, arrêt sur rien à –300 mètres ! »

Lyrique, ce Parisien fraîchement inscrit à mon club de Cavaillon, Li Darboun[1], me raconte la découverte originale

1. « Les taupes », en provençal ; à l'époque, il compte parmi les clubs les plus performants de France.

de cette cavité le dernier jour de leur campagne 1980 sur le Ras Timedouine[1]. Tandis qu'il va assouvir un besoin naturel au pied d'une barre rocheuse, il sent un courant d'air glacé frapper son intimité dénudée. Une rapide désobstruction est entreprise, un réseau étroit continue ; le courant d'air les mène jusqu'à une étroiture verticale sévère, vers 80 mètres de profondeur, qu'ils franchissent l'année suivante, et ils poursuivent l'exploration jusqu'à la cote –300 mètres.

La mention « arrêt sur rien[2] » autorise les plus folles espérances… comme les plus grandes désillusions. Le monde souterrain est imprévisible, et les raisons d'échouer sont nombreuses ; si les belles découvertes sont parfois le fruit du hasard, elles ne s'obtiennent souvent qu'après un long travail d'équipe, étalé des années durant, avec du flair et de la persévérance… Les arcanes de la Terre restent invisibles aux satellites, et aucune intelligence artificielle ne remplacera jamais l'œil du spéléologue…

En Kabylie

Pâques 1983 : c'est la première fois que je mets les pieds en Algérie. Je savoure intensément mon premier voyage hors d'Europe. Je le dois à ma passion de la spéléologie, qui se révélera par la suite un formidable alibi pour aller voir comment vivent les hommes aux antipodes.

J'avais imaginé des terres brûlées par le soleil, des dunes à l'infini. Au contraire, la Kabylie au printemps se révèle verdoyante et accueillante.

1. Deuxième sommet le plus haut (2 305 mètres) du massif montagneux algérien du Djurdjura.

2. « Arrêt sur rien » : quand on arrête une exploration faute de cordes ou de temps mais que la cavité continue.

Nous sommes six spéléologues[1] de différents clubs du Vaucluse regroupés par affinité, sous l'appellation Couscous 83. Un bon couscous résulte d'un savant dosage d'ingrédients. Chacun apporte ses compétences et son énergie au projet qui, pour l'heure, nous semble un peu lourd pour nos jeunes épaules. Si notre objectif est simple sur le papier, il s'agit de dépasser le record de profondeur d'Afrique, détenu par le gouffre qui s'ouvre à quelques dizaines de mètres de nos tentes, l'Anou Boussouil, avec 805 mètres. Son entrée majestueuse, bien visible de la route de Bouira à Tizi-Ouzou, l'a rendu célèbre dès les années 1930 quand les spéléologues du club alpin d'Alger y ont atteint la profondeur de 505 mètres en 1947, une performance remarquable avec les techniques de l'époque. Le gouffre pointait alors à la quatrième place mondiale.

La structure des montagnes du Djurdjura est composée d'écailles de calcaire alignées d'est en ouest sur 110 kilomètres, que la tectonique a dressées à la verticale. Chaque écaille, de 400 mètres de largeur, constitue son propre système hydrologique. Les eaux souterraines resurgissent tout en bas, au niveau des schistes imperméables, dans des sources qui sont autant de trésors précieux pour les Kabyles.

L'écaille où nous opérons, le Ras Timedouine, présente un potentiel hydrogéologique[2] de 1 300 mètres de hauteur. Espérer y battre le record africain de profondeur

1. Brigitte Sebag, Charlie Chouquet, Michel Deniel, Daniel Dumas, Luc-Henri Fage et Denis Ziéglé.

2. Différence entre l'altitude de la cavité et celle de la résurgence supposée du cours d'eau souterrain.

est tout sauf idiot, mais, comme toujours, le spéléologue propose et la cavité dispose…

Dans les puits d'entrée

« Voici l'entrée du gouffre… » me glisse Denis, goguenard, tandis que nous jetons à terre les lourdes clés de portage qui ont scié nos épaules durant la montée jusqu'à 2 160 mètres d'altitude. Il désigne un trou étroit qui perce une petite falaise. C'est donc ça, l'entrée du futur « plus-profond-gouffre-d'Afrique » ?

Denis et Michel partent les premiers, ils connaissent déjà la cavité et ont pour mission d'équiper les obstacles verticaux, c'est-à-dire de poser les cordes fixes sur lesquelles nous descendrons et remonterons les puits en autonomie[1]. Daniel, Charlie et moi suivrons à trente minutes d'intervalle, pour lever la topographie…

Un périple d'une vingtaine d'heures nous attend dans ce monde minéral. Dès l'entrée, on passe de la douce chaleur du soleil printanier à un froid vif, expulsé des profondeurs par un courant d'air d'autant plus perceptible que la section de la galerie est étroite.

Daniel sort la boîte topo de son sac, Charlie le carnet et le crayon. Dans un gouffre difficile, la topographie est une activité ingrate, mais indispensable. Une cavité explorée en première « n'existe » que si l'on peut produire une topographie en plan et en coupe. « La spéléologie, avait dit Norbert Casteret, est un sport au service de la science », et ces documents sont cruciaux pour les

1. La « spéléologie alpine », inventée dans les années 1970, consiste à descendre et remonter sur une corde unique, à l'aide d'un descendeur et de deux bloqueurs à la remontée.

hydrogéologues qui sécurisent l'alimentation en eau des populations locales.

Je m'engage dans le boyau descendant. Avec l'élégance d'une vieille dame anglaise pinçant sa petite cuillère à l'heure du thé, je tiens entre pouce et index l'extrémité du fil blanc, un bête fil de couturière qui se déroule du Topofil[1] en faisant tourner un compteur centimétrique. Premier point topo au-dessus d'un ressaut vertical.

« Début du fil 33 592… fin du fil 34 428 », annonce Daniel à Charlie, qui note illico sur le carnet topo et remarque :

« Une visée de 8 mètres, ce n'est pas mal. Si toutes les mesures pouvaient être aussi longues… et la pente ?

— Pente, on va dire… 90°, et l'azimut, 70°… »

Avec ces trois mesures, nous dessinons dans l'espace le cheminement idéal de la cavité qui sera projeté en plan et en coupe[2]. Il suffira alors de faire « l'habillage », c'est-à-dire dessiner les formes des conduits souterrains, pour produire une jolie topographie. Les jeunes générations doivent halluciner en lisant ces lignes. Aujourd'hui, on utilise des topomètres laser qui calculent instantanément longueur, pente et azimut en une seule visée, données envoyées en direct par Bluetooth à une app de smartphone sur laquelle le squelette de la cavité se matérialise en temps réel… Il y a même des appareils sophistiqués qui scannent l'enveloppe de la cavité en 3D à mesure que le spéléologue progresse dans la cavité.

1. Conçu et commercialisé par le club de Lyon, Les Vulcains, dans les années 1980, il concentrait un compas, un clinomètre et un système de mesure du fil déroulé.

2. Voir la coupe finale du gouffre tel qu'exploré en août 1983 page 117.

Cette première partie du gouffre reste vague dans ma mémoire. Je me souviens de quelques puits descendus en désescalade, d'une chatière[1] en toboggan particulièrement vicieuse, d'une faille étroite qui plonge dans le noir sur 23 mètres où l'on régule sa descente comme on peut, par frottements, en espérant ne pas prendre trop de vitesse. Et surtout, la fameuse chatière verticale de 3 mètres dont on sait que la sortie se fait plein vide, au plafond d'un puits en cloche de 90 mètres ; ce « gaz[2] » met un peu la pression.

Banzaï ! Ça racle, mais ça passe en force, merci la pesanteur. On verra à la remontée… Évidemment, le fil topo a cassé dans la chatière. Daniel va devoir refaire la visée. Cette chatière verticale constitue réellement une barrière psychologique au-delà de laquelle on se sent bien engagé dans le gouffre.

Me voici en haut du fameux puits de 90 mètres. Le gouffre se révèle enfin, formidable. Tout s'élargit. Tout en bas, deux points lumineux minuscules me font prendre conscience du vide phénoménal ; ce sont les copains frigorifiés qui attendent les cordes de nos sacs pour équiper la suite… Nous les rejoignons à 190 mètres de profondeur. La salle mesure au jugé dans les 50 mètres de côté, pour une hauteur moyenne de 60 à 70 mètres. Le sol est encombré de blocs, certains de la taille d'une camionnette. Ce vide énorme doit beaucoup à la tectonique, cette force tellurique puissante qui crée les montagnes.

Les sacs changent de mains ; Michel et Denis déguerpissent dans la suite et nous laissent topographier la salle.

1. Passage étroit.
2. Terme montagnard qui désigne un très grand vide…

Que mesurer ? Comment rendre sur papier la profusion de blocs, les arrivées de puits en plafond, les formes d'érosion des parois ?

Les taches du Léopard

Pour la suite, on a l'impression de s'échapper comme des voleurs par l'entrée de service : on s'enquille dans une faille verticale, large d'un à deux mètres, remplie de blocs énormes solidement coincés ici et là en guise de gigantesques marches d'escalier.

Le gouffre change de physionomie, d'autant plus qu'à partir de ce point, chaque bloc et chaque paroi sont couverts de taches d'argile disposées géométriquement. La ressemblance avec la robe d'un léopard est frappante. Vus de près, ce sont des petits cônes irréguliers, de 2 à 3 centimètres de diamètre. J'en frôle un, il s'écrase sous mon doigt ; l'argile est détrempée, à la limite du liquide.

« Je n'ai jamais vu ça sous terre, dis-je.

— Mais les premiers explorateurs de ce gouffre, il y a deux ans, ont vu juste en appelant ce qui suit la "galerie du Léopard" », complète Daniel.

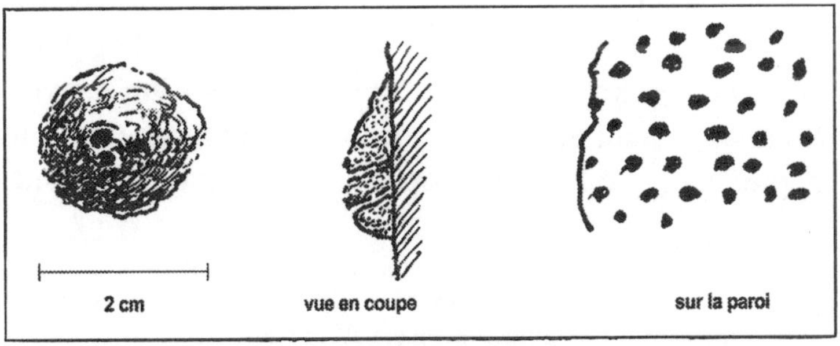

Figure 1 – Étude des taches d'argile sur mon carnet de croquis.

La présence d'argile dans une grotte est un phénomène naturel. C'est ce qui reste une fois que le carbonate de calcium, principal composant du calcaire, a été dissous par les eaux souterraines[1] qui créent et agrandissent puits et galeries.

Je suis perplexe. Un gouffre d'altitude comme celui-ci possède une forte énergie cinétique, les sols et les parois sont en général lessivés par les crues successives. Alors comment expliquer la persistance de cette tapisserie pointilliste d'une rare élégance[2] ?

Vingt mètres plus bas, nous touchons le fond de la faille où circule un minuscule ruisselet. Le silence minéral est enfin agité de glouglous poétiques... C'est irrationnel, mais j'ai l'intuition que ce gouffre ne va pas nous décevoir. Toutes les conditions semblent réunies, même le courant d'air[3] glacé en guise de fil d'Ariane.

La galerie dans laquelle nous sommes engagés maintenant, surcreusée en son centre par un méandre étroit, offre deux banquettes opposées sur lesquelles nous avançons, les jambes écartées, émerveillés par la concentration exceptionnelle de taches de léopard.

On pourrait imaginer avec l'appellation « galerie » quelque tunnel rectiligne. Il n'en est rien, les formes irrégulières des parois changent sans cesse, arrondies, bombées, creusées par les eaux comme celles d'un canyon. Soudain, le sol se dérobe, des coups de marteau nous apprennent que les deux copains sont en train de planter

1. Les eaux météoriques, pluies ou neige, sont légèrement acidifiées par le gaz carbonique de l'atmosphère et par les acides humides du sol.

2. Nous aurons l'explication en été. Voir page 113.

3. Contrairement à ce que pense le grand public, la plupart des cavités sont parcourues par des courants d'air. On respire très bien !

une cheville dans cette série de verticales, formant un puits de 60 mètres. Les parois se resserrent, ça recommence à frotter. Existe-t-il un gouffre sans étroiture... ?

En bas du puits, les amis ont laissé au moins 30 mètres inutilisés en bout de corde. Par réflexe, je les coupe et les embarque.

Le méandre interminable

Se présente alors une galerie haute et étroite qui s'étire en tortillant sur une centaine de mètres. D'expérience, on sait qu'il faut rester en hauteur dans ces « méandres » en progressant en « opposition » : le corps verrouille son appui d'une paroi à l'autre dans des mouvements acrobatiques que ces supports argileux rendent risqués. Car elles se pincent vers le bas et il vaut mieux éviter d'y tomber. On a tous en tête des accidents dramatiques qui ont mobilisé des secouristes pendant des semaines pour tenter d'extraire le malheureux qui, à chaque mouvement, s'enfonçait toujours plus bas.

En Algérie, il n'y a pas d'équipe de Spéléo-Secours[1]. Cette aventure prend une saveur particulière, du fait de notre engagement total. Le goût de la liberté qu'il procure est vertigineux. Cependant liberté ne veut pas dire inconscience. Ici, nous ne pouvons compter que sur nous-mêmes et bien sûr la prudence est de mise. Mais elle est décidée par l'analyse objective de la situation, de notre forme physique et de notre technique, et non par je ne sais quel redoutable « principe de précaution » actuel qui déresponsabilise...

1. À l'époque, car depuis les spéléologues algériens ont créé un Spéléo-Secours.

De méandre en courbe, de ressaut en puits, nous accumulons les petites visées topographiques. Soudain nous croisons Denis et Michel qui remontent, dépités. Ils ont fait un peu de « première » après le terminus 1981, mais faute de corde, ils se sont arrêtés en haut d'un puits de 20 mètres arrosé par un petit ruisseau.

Je me félicite alors d'avoir récupéré la corde en bas du puits de 60 mètres. Adieu la topographie rébarbative ; vive la première, la vraie, celle qui donne des ailes ! Comme un chien de chasse, la truffe en l'air, le spéléologue traque le courant d'air, estime les difficultés, survole les obstacles…

La corde est lancée dans le puits vierge, Charlie se précipite, 20 mètres, puis à nouveau 10 mètres, et la galerie continue toujours… jusqu'à une nouvelle verticale, estimée à 20 ou 30 mètres. Ce sera notre terminus provisoire. Encore une fois, « arrêt sur rien ».

Cela fait déjà huit heures que nous sommes dans le gouffre. Le bec à acétylène commence à charbonner, on a faim, on a froid… Retour vers la grande salle où nous avons laissé réchauds et vivres. Las, la cartouche de gaz a dû se vider pendant la descente, nous privant de soupe chaude et d'un plat lyophilisé… Le retour ne traîne pas, en trois heures nous sommes dehors, la descente du pierrier en pleine nuit n'en finit pas. Il est 6 heures du matin quand trois zombies titubant de sommeil arrivent au camp.

Voyage en Kabylie

Le soleil darde ses rayons sur ma tente, me réveillant après seulement deux heures de sommeil. Comme souvent au lendemain d'une sortie spéléo, mes mains me brûlent, crevassées par l'eau, l'argile et le calcaire râpeux. Je mets les notes topo au propre et je fais tourner ma calculatrice scientifique avec un programme maison : l'arrêt topo est calculé à –313 mètres, à quoi se rajoutent 30 mètres de puits descendus mais non topographiés.

Après le repas, nous allons repérer la résurgence supposée du gouffre du Boussouil, Ain El Hammam, que Charlie, notre plongeur, se propose d'explorer si elle est pénétrable. C'est l'occasion de découvrir la Kabylie et ses habitants. On longe d'abord les falaises incroyables de la Main du Juif, un site d'escalade impressionnant dont les piliers évoquent des phalanges ; en arrière-plan, les collines verdoyantes et ondulées de la Petite Kabylie se succèdent en un tableau impressionniste, les villages et les routes juchés sur les crêtes.

Je suis surpris par la fréquentation du djebel ; partout, on croise des Kabyles qui marchent au bord du bitume, les femmes dans des robes colorées où domine le rouge, au port de princesse malgré le fagot de bois gigantesque sur leur tête, une chèvre en laisse et quelques gamins roux qui gambadent derrière. Des automobilistes arrêtés aux sources lavent les voitures, toutes portes ouvertes, au milieu d'ânes, de très belles chèvres aux longs poils noirs et blancs et de quelques troupeaux épars de moutons en liberté...

Malgré la carte Michelin, nous nous égarons sur ces routes en lacets qui aboutissent là où nous nous y attendions le moins, parfois dans un cul-de-sac au fond d'un village, où nous sommes instantanément entourés d'une foule de gens, souriants, curieux, mais distants, aux rires étouffés, tous très beaux. En Kabylie, les femmes n'ont jamais été voilées, les fillettes pouffent derrière leurs nattes et les garçons ont un regard interrogateur et rigolard. C'est fou la population que peuvent contenir de si petits villages !

Vers 17 heures, nous identifions une gorge où doit se trouver la résurgence. Malgré les ronces et les pierriers, nous remontons le lit du torrent à sa recherche de la résurgence. En vain. Qu'importe, ce paysage et la population m'ont laissé un souvenir indélébile.

Quand on se couche, vers 22 heures, Charlie, infatigable, prépare le matos pour demain…

Première pointe au D3

Vendredi 8 avril, Charlie, Daniel et Brigitte ont pris le chemin du gouffre tôt, suivis par Denis et Michel pour un portage de matériel en altitude. Moi, je dors comme une brute. C'est mon tour de garder le camp. À 10 heures du matin, je me réveille au milieu d'une kermesse. Le vendredi est jour de congé en Algérie, et c'est le grand défilé dans la cuvette du Boussouil ! Guitares, percussions, chants, tentes et méchoui… un groupe de jeunes délurés est venu faire la fête, loin de la ville et des imams, ils m'offrent force bière, m'empruntent un jeu de tarot, puis viennent discuter de leur pays, comparé à la France. Le cul dans l'herbe, le regard dans le lointain, où volent en larges courbes les vautours et les choucas, nous parlons longuement.

Ils finissent par partir, la nuit tombe et personne ne revient. Je prépare un gros plat commun, des carottes bouillies à la béchamel, et je me couche. 22 heures, Denis et Michel sont de retour.

À minuit, Charlie arrive seul.

« Tu veux la bonne ou la mauvaise nouvelle ? me dit-il.

— Commence par la mauvaise…

— Brigitte a pris une sacrée “ponction”, elle est épuisée, frigorifiée, dans la grande salle. Daniel est resté avec elle, ils vont remonter à son rythme.

— Zut, et la bonne nouvelle alors ?

— Tiens-toi bien, on est “arrêt sur rien” à –530 mètres à bout de corde en haut d'un grand puits ! En revanche, conclut-il, c'est très arrosé. Avec le redoux, les névés commencent à fondre… ça coule de partout, une eau froide, à 4 ou 5 °C maxi ! »

Daniel et Brigitte arrivent au camp au petit jour, encore des zombies.

Le puits de l'Angoisse

Samedi 9 avril, notre départ est beaucoup plus calme. L'excitation de la première qui nous attend semble se transformer en une molle obligation : terminer le trou. On emporte 200 mètres de corde, dont 80 en corde légère, 8 millimètres de section…

J'innove dans le domaine culinaire, avec un « super carburant ». Prendre un tupperware grand modèle, y vider un sac de muesli, éplucher trois oranges et trois citrons coupés en dés, ajouter un stock de dattes en morceaux, arroser de lait en poudre et de sucre. Fermer le couvercle avec un sandow de sécurité et glisser ça au fond du kit bag[1].

Moins chargés et plus entraînés, nous ne mettons qu'une heure à gravir les 400 mètres de dénivelée qui

1. Sac de spéléo cylindrique, étroit, en bâche de camion résistante.

séparent la route de l'entrée du gouffre. Michel va à son rythme. Il a raison car il se relève d'une grave maladie et je ne suis pas certain que son chirurgien apprécierait sa « cure » postopératoire. Il a toujours le sourire, un caractère affable et une volonté de fer.

Un coup de flemme nous saisit au soleil avant que nous nous engagions de longues heures dans ce gouffre. Roupillon, bouffe lyoph, fondre de la neige pour boire et remplir les lampes à carbure, tout ça prend un temps fou, avec une *rimayite*[1] aiguë, de plus très contagieuse. On prend notre temps avant de se jeter dans l'action.

« Ah, si Charlie nous voyait… » soupire Denis, mi-amusé.

Comme des gamins pris sur le fait, cette simple évocation nous pousse dans le trou à 14 heures. La descente ne traîne pas. Au passage, on apprécie leur jolie première et les amarrages, comment dire, « surnaturels » de Charlie, dont une sangle autour d'un bloc posé sur le palier et vaguement calcifié à la base. Ça a l'air de tenir… Dans un puits de 33 mètres, il a rabouté deux rataillons de corde… Le premier nœud se situe sur un palier, mais le second est plein vide, sous les embruns !

Dans cette partie, la morphologie du gouffre change encore. Il se verticalise un peu plus. À –500 mètres, on débouche dans une faille perpendiculaire à la précédente. Plus bas, un kit vide, le Topofil et deux sacoches à spit[2]

1. Expression montagnarde, ce n'est qu'une fois la rimaye franchie (crevasse entre glacier et paroi) que la course commence vraiment.

2. Petite cheville en acier autoforeuse, vissée sur un tamponnoir, utilisée dans le bâtiment pour sceller des pièces dans le béton. On y visse une plaquette avec un boulon de 8 millimètres, où l'on fixe la corde. Aujourd'hui les spéléos utilisent des perceuses sur batterie et des goujons.

nous attendent sur le palier, matérialisant le terminus de Charlie et Daniel.

Je prends un kit avec 120 mètres de corde de 9 millimètres, je racle toutes les sangles qui restent et une vingtaine d'amarrages. À moi la suite : une faille de 2 à 3 mètres de large plonge dans le noir, accompagnée d'embruns. Ma flamme d'acétylène vacillante peine à trouer l'obscurité. Je suis impressionné. Il faut croire que l'exploration pure est notre drogue, car cc vide noir m'attire tout autant qu'il m'effraye.

Taïaut ! Les ressauts verticaux se succèdent, formant un seul puits de 80 mètres. Les parois de la faille se sont encore écartées, je ne distingue pas l'extrémité opposée et l'eau continue son chemin vers les entrailles. Pendu à ma corde de 9 millimètres, je n'en mène pas large… Ce n'est pas le moment de gamberger sur la résistance des matériaux : c'est fin, 9 millimètres. Je ne compte pas les cauchemars qui me réveillent, haletant, les veilles de sorties spéléo, à m'imaginer en chute libre dans un puits sans fond.

Au bout de la corde de 120 mètres, je pose le pied sur une confortable vire, au sec, car la cascade passe de l'autre côté dans un puits parallèle ! On s'y retrouve tous les trois. Un conciliabule s'impose ; profondeur estimée –650 mètres, avec les 180 mètres de corde dans l'autre sac, on a ce qu'il faut pour dépasser le Bous-souil. Le moral est bon, les sourires s'esquissent… pour se figer aussitôt dans des frissons irrépressibles.

Un nouveau grand puits s'offre à nous, profond de 40 mètres. L'obstacle suivant est encore plus gigantesque. Je me sens minuscule dans ce volume où la roche et les eaux glacées forment une alliance indissociable.

Afin d'assurer la descente le plus loin possible de la cascade glacée, je pendule sur la gauche pour planter un amarrage et espérer descendre au sec. « Tiens, ici, c'est pas mal, me dis-je, peut-être qu'en partant de cette lame plongeante, on pourrait arriver par un prochain pendule à cette arête là-bas, au fond ? »

Je sors l'outillage de la sacoche, tamponnoir et marteau en main. Coincé comme je peux, je commence à forer le trou, mais je glisse, et le pendule – presque 8 mètres à l'horizontale – me ramène à mon point de départ sans ménagement. Je me tétanise sur les prises, il me faudrait un « crochet à goutte d'eau[1] » pour m'aider à rester en place. J'en suis là quand, soudain, le marteau s'échappe vers les ténèbres. De longues secondes s'écoulent… puis bang ! Il a touché le fond du puits ; non, il ricoche, et de palier en palier, continue sa folle dégringolade. Je ne sais pas combien de mètres de vide j'ai sous les pieds, mais je suis salement impressionné. Vais-je arriver à bout de corde ? Est-ce le fameux puits sans fond dont rêve (ou cauchemarde) tout spéléologue ? Je descends tout droit. Une lame de rocher pourrait servir d'amarrage naturel. Il me reste une sangle, mais cela ne m'éloigne de la cascade que d'un mètre. Le débit approche les 5 litres par seconde. Cinq litres d'eau glacée, qui vous coulent dans le cou, s'infiltrent dans vos vêtements, jusqu'à remplir vos bottes… S'ajoutent à ça la lampe acétylène soufflée par le vent de la cascade, ma lampe de secours électrique faiblarde, la corde emmêlée et toronnée qui glisse mal dans mon descendeur.

---

1. Ce crochet est un outil tout simple, emprunté aux grimpeurs, qui permet de poser un point provisoire dans un trou naturel de la roche, dans le cas de pendule notamment.

Et que vais-je faire plus bas, à bout de corde, sous la cascade ? C'est idiot. Une crise d'angoisse m'envahit. Il faut savoir écouter ses peurs profondes, si l'on veut vieillir dans la sagesse. Cette séquence me fournit le nom du puits... de l'Angoisse.

« Je re-mon-te ! » hurlé-je en séparant bien les syllabes à l'attention de mes copains. Avec la distance, l'écho sur les parois et le bruit de la cascade, ils ne comprennent rien !

J'entasse la corde restante dans une niche de la paroi, ainsi Charlie verra mon terminus, et j'entame la remontée. Le bilan n'est pas négatif, on a dépassé les –680 mètres, et ça continue toujours, dans un puits que j'estime profond de 100 mètres au moins en me fondant sur la durée de la chute du marteau. L'Anou Boussouil est proche d'être dépassé !

Au palier, je propose à Denis d'appeler le trou « gouffre du Léopard ». Adopté[1].

Arrivés à –450 mètres, nous attendons Michel. Trempé par la cascade, je fais la tortue sous la couverture de survie, la lampe à acétylène et le casque entre mes genoux apportent une douce chaleur. Je m'endors sans cesse, réveillé par la flamme de l'acétylène qui brûle mes sourcils. Denis et Michel ne valent pas mieux.

« On attaque le super carburant ? »

1. Dans un vieux dictionnaire français-kabyle – établi au XIXe siècle par un missionnaire –, j'ai trouvé plus tard *ifflis* comme seul félin. Anou Ifflis, le gouffre du Léopard. Ce que je ne savais pas, c'est que ce dictionnaire des missionnaires était très incomplet et bourré d'erreurs ; récemment, des spéléologues algériens m'ont expliqué que j'aurais pu utiliser le mot *iffis*, qui signifie « hyène tachetée ». De vous à moi, je préfère le léopard, et eux sans doute aussi, car le nom est resté pour la postérité.

Denis ouvre le couvercle précautionneusement, et me dit, étonné :

« Pourquoi tu as mis des patates dedans ? »

Ce sont les morceaux d'agrumes autour desquels les flocons d'avoine se sont agglomérés ! On se jette sur ces patates sucrées d'un genre nouveau, délicieuses et revigorantes. Au centre, le jus de l'agrume éclate délicatement en bouche. Il est près de 11 heures du soir. Le coup de barre approche. Objectif : arriver à la grande salle pour se gaver de soupes chaudes grâce au réchaud à gaz.

On repart doucement, Michel sent sa cicatrice le tirailler. Une heure du matin, la grande salle. Le matos de bivouac est introuvable. L'équipe précédente a dû tout planquer à l'abri de la crue. De dépit, nous grignotons quelques dattes et figues sèches. Assis sur un bloc, la couverture de survie pliée sous les fesses, je m'endors sans cesse dans d'horribles cauchemars. Contraint de reprendre la route sous peine de périr congelé, j'entame la remontée. J'avale le grand puits avec une idée fixe : les vêtements secs et chauds qui m'attendent dehors.

Michel a beaucoup de mal à avancer, nous l'attendons souvent, circonstances idéales pour nous endormir sur-le-champ, peu importe la position, assis sur un bloc ou en opposition dans la galerie, pendus à la corde… Il nous faut deux heures pour sortir. Dehors, c'est encore la nuit. Les gestes las, nous enfilons vêtements secs et doudounes et patientons.

Une heure plus tard, Michel fait son apparition à l'entrée. Ouf. La descente aux voitures est pire que la montée. Dans la faible lueur de ma frontale, je m'offre quatre gamelles. La dernière est la bonne, arrachant un centimètre carré de ma paume. Heureusement ma doudoune est rouge, les taches de sang ne se verront pas. Nous débarquons au camp à 7 heures du matin, au moment où le soleil commence tout doucement à éclairer la nuit d'un léger voile blanc à l'est. Déjà, mes deux compagnons d'infortune s'étalent, l'un à même l'herbe, l'autre à poil dans sa tente, et dorment comme des loirs. Je ne tarde pas à faire de même.

Le puits du Typhon

Il est temps d'avoir une discussion sérieuse. Michel et Brigitte hors jeu pour une pointe au fond, nous ne sommes plus que quatre, alors que faire ? Laisser le gouffre équipé de toutes ses cordes ? Car, c'est sûr, la prochaine descente ne suffira pas, il faudra revenir cet été avec les Parisiens, qui ont déjà prévu une expédition. Mais si le trou s'arrête – siphon ou éboulis –, on ne va pas leur laisser le déséquipement à faire.

Daniel emporte la décision :

« On déséquipe tout, c'est plus élégant.

— Tu as raison, sans compter qu'à la douane d'Alger, ils peuvent nous demander où sont passés nos 1 200 mètres de corde, non ? »

Demain matin, à la première heure, Daniel et Charlie retourneront au fond du trou, avec chacun un kit bag de cordes. Denis, Michel et moi les rejoindrons à la cote –330 mètres, où ils auront remonté tout le matériel depuis le fond, et à quatre, on tirera les kits dans le méandre… jusqu'où on pourra.

Il nous reste vingt-quatre heures pour reprendre des forces, préparer le matériel, nous lancer dans des bricolages et réparations en tous genres.

Là-dessus, Charlie nous en apprend une bien bonne. Il gardait le camp hier, tandis que Brigitte et Daniel faisaient quelques courses à Bouira afin de trouver des légumes et du pain frais et d'écouler les dinars, et les flics ont débarqué avec notre correspondant, Salah, qui vit à Bouira avec sa femme Zohra et accueille les spéléos de passage. Les policiers voulaient me voir et savoir ce que nous faisions là !

Un aller-retour au commissariat de Bouira s'impose. On essaye de se faire un peu propre, rasage et lavage des cheveux hirsutes (on n'a pas pris de douche depuis le début...). Au commissariat, on se la joue calme, l'air vaguement sûr de nous, en général ça marche bien avec les uniformes, quel que soit le pays, mais voilà, le port d'Alger avait signalé la présence d'un journaliste et la Sûreté générale n'aimait pas trop que des gars de ma trempe se baladent sans contrôle en Algérie. Apparemment rassurés, ils nous ont laissés partir...

Lundi 11 avril, 6 h 30. Dans un demi-sommeil, j'entends se préparer Charlie et Daniel ; Brigitte va à l'entrée du gouffre récupérer son matériel perso. Elle nous dira à quelle heure ils sont réellement descendus dans le gouffre, car le minutage est important. Il ne faudrait pas qu'une des équipes attende l'autre trop longtemps à –330 mètres. En théorie, on doit descendre six heures après eux.

Brigitte rentrée, nous nous mettons en route à 14 heures.

Au bord du gouffre, Michel fait un malaise. Nous ne serons plus que deux pour déséquiper la cavité des –330 mètres jusqu'à la surface. On verra bien. Mon inquiétude, c'est le redoux. Les névés fondent à vue d'œil. Vu le temps de transfert très court dans ce genre de gouffre, le débit de la rivière dans les puits a dû s'amplifier fortement.

En une heure nous arrivons au rendez-vous, à temps pour voir surgir des profondeurs un Charlie complètement trempé, qui tire trois kits bourrés de matériel derrière lui. Daniel et lui m'épateront toujours.

Essoufflé, il nous raconte leur pointe :

« On s'est arrêté pas loin des –800 mètres ! On a descendu ton puits de l'Angoisse… ensuite une série de puits de 15, 20 et 30 mètres ! Mais là, le passage est étroit et toute l'eau t'arrive dessus. Même avec ma combinaison de plongée, c'était trop risqué. On s'est arrêté en haut d'un puits estimé à 30 mètres, que j'ai appelé le Typhon. »

Charlie n'est pas un gars à exagérer ; je me dis que ce devait être l'enfer. Ils sont tous les deux cramés par le déséquipement. On les laisse partir avec un kit chacun et nous héritons avec Denis de six sacs.

À l'affluent de –310 mètres, on retrouve nos deux lascars qui se gavent de soupes, de lyophilisés, de dattes et surtout de dextrose[1]. Un truc qui vous booste vingt minutes. Ils ont des têtes à faire peur.

Voici le fameux méandre étroit qui adore coincer les sacs de mille manières. Pas question d'avancer là-dedans avec trois kits chacun. Il faut faire la chaîne, les empiler en déployant des miracles d'équilibre et en priant qu'aucun n'ait la malencontreuse idée d'aller glisser 10 ou 15 mètres plus bas au niveau de la rivière. Les lunettes

1. Une dotation de la firme Gerblé qui nous avait fourni gracieusement des aliments énergétiques, notamment en dextrose, un coup de fouet pour situation de crise.

embuées n'aident pas à la précision des gestes. Tout est gras, glissant… on progresse comme des escargots.

Pour les puits, l'un de nous monte avec un sac, et l'autre le rejoint en ayant au préalable attaché les six autres sacs en enfilade au bout de la corde, glaiseuse à souhait. Certains sacs pèsent un âne mort.

Il nous faut dix heures pour amener nos sept[1] sacs de –350 mètres à –190 mètres. Au milieu du puits de 90 mètres, j'attache six sacs à bout de corde, et je monte avec le septième. Au palier suivant, on essaye toutes les techniques, mais les sacs plombés ne bougent pas d'un iota. J'explose… Il faut abandonner les sacs et sortir. Vite.

Dehors, le petit jour se lève. Il fait beau. Un vent presque chaud souffle. Au camp, avant de sombrer dans un sommeil pesant, nous pouvons informer nos camarades de la pénible mission qui est désormais la leur : sortir les sept kits restant dans la pire partie de la cavité.

Mardi 12 avril. Avant qu'ils ne partent, nous faisons le point sur la première. Croquis d'explo, mise au propre du carnet topo – bien boueux et détrempé –, mesure entre les nœuds d'amarrage de quelques cordes sorties du gouffre par Charlie, et on s'accorde sur la profondeur finale atteinte : –725 mètres. Plus de deux fois la hauteur de la tour Eiffel.

Le lendemain, nous quittons le Djurdjura éternel. La neige a quasiment fondu sur la montagne. À Bouira, l'ami Salah nous offre le café puis on file avec lui au commissariat chercher les formulaires des autorisations à demander pour la prochaine expédition dans le

1. On a gagné un septième sac avec les cordes qu'on vient de déséquiper…

Djurdjura… Le commissaire a l'air sincèrement déçu de constater qu'aucun crâne d'œuf administratif n'a imaginé le cas de figure et pondu le formulaire *ad hoc*.

Salah nous emmène au hammam. Cela devenait nécessaire : depuis dix jours, nous n'avons fait que de rapides toilettes de chat à l'eau glacée du névé. Dans le cœur surchauffé du hammam, le choc thermique est violent, le décrassage total, la relaxation absolue. On sort de là affamés, prêts à dévorer deux ou trois portions du couscous de Zohra…

Le lendemain, adieu Alger-la-Blanche, autour des tables du snack du Tassili, atelier topographie et dessin des plans et coupes. Le gouffre a de l'allure quand même. Cette expédition de Pâques se termine comme elle a commencé : « arrêt sur rien ».

L'été du record

Notre expédition de Pâques avait relevé du petit miracle : transformer un gouffre modeste du Djurdjura en candidat potentiel au record d'Afrique[1]. Quelques mois plus tard, nous retrouvons les montagnes de Kabylie. Écrasé sous le soleil, le Djurdjura n'a rien de commun avec les verdoyants paysages vus à Pâques. La terre est à nu. Seuls les oliviers des plaines apportent une tache de couleur à ce camaïeu ocre.

Nous sommes plus nombreux cet été mais nous déplorons l'absence de Charlie, la locomotive de Pâques. Il est

1. Précisons que le record appartient au gouffre, pas à ses explorateurs…

remplacé par Yves et Richard[1]. Nous retrouvons également sur place Bernard[2], familier de la région, et son ami grimpeur Mohamed Chebbab, qu'il a formé à la spéléologie.

Nous serons également rejoints par l'équipe des vingt spéléos parisiens conduite par Tinho Rodrigues avec qui nous sommes convenus de mener les explorations terminales conjointement.

En nous attendant les Parisiens, Michel et moi, les premiers sur place, préparons la cavité, l'équipant jusqu'au terminus de –725 mètres. Elle est méconnaissable. Plus une seule goutte d'eau dans le puits du Typhon, qui en devient presque sympathique. C'est alors que des problèmes d'autorisation avec les autorités locales font penser à cette équipe qu'il devient urgent d'en finir avec le Léopard. La spéléologie est une activité méconnue, vite suspecte aux yeux de tout « uniforme », par définition un tantinet paranoïaque.

Le duo de choc, Richard et Yves, découvre un vaste puits-faille au-delà du terminus de Pâques, haut de 130 mètres avec une section grandiose de 6 par 50 mètres ! À sa base, une galerie horizontale descend en pente douce vers un siphon[3] à –877 mètres. Ils reconnaissent la suite, un puits estimé à 40 mètres, relèvent la topographie, des échantillons d'argile, d'air et d'eau. Leur pointe se déroule en trente-deux heures, dont un bivouac léger à –840 mètres.

D'ores et déjà, le record de profondeur pour le continent africain est battu ! Et ça continue, « arrêt sur rien » !

---

1. Yves Pascal, spéléologue de Li Darboun ; Richard Maire, spéléologue, karstologue, chercheur au CNRS.

2. Bernard Collignon, spéléologue, hydrogéologue, coopérant belge en Algérie.

3. Siphon : toute la galerie est noyée sous l'eau.

Le 3 août, Michel et moi-même débarquons à Alger en compagnie des Parisiens. La prise de contact entre les deux équipes n'est pas aisée. Nos conceptions de la spéléo semblent diverger, entre l'insouciante légèreté de notre interclub et la raideur de leur organisation. Mais l'ambiance se dégèle lors d'une mémorable soirée pizza dans la cuvette du Boussouil où nous campons, et où Yves, plein de bonnes idées, a aménagé un four en terre !

La rivière Emria

Le 5 août, Michel Deniel, Tinho Rodrigues et moi prenons le chemin du gouffre. À quelques heures d'intervalle, Daniel Dumas suit avec deux Parisiens. Une envie irrépressible de « bouffer » du puits nous anime. Je sens que, coûte que coûte, je verrai bientôt le fond du Léopard, et si possible au-delà de la cote symbolique des –1 000 mètres.

On vole sur les cordes. En quatre heures nous voici à pied d'œuvre devant le puits repéré par nos prédécesseurs ; ses 37 mètres sont arrosés par une petite circulation d'eau. Je me fourvoie dans la suite logique, un puits de 25 mètres étroit qui se pince jusqu'à devenir impénétrable, sauf pour ces satanées gouttes d'eau qui me tombent dessus. M'extirpant de ce piège, baptisé illico le « réseau du Hammam glacé », je suis frigorifié. La suite n'est pas là. En spéléologie, la ligne droite est rarement possible. À l'aide d'indices ténus, il faut imaginer les creusements successifs, deviner les étreintes de l'eau et de la roche, tous ces phénomènes mystérieux de la karstification et de la tectonique qui concourent à la formation des cavernes. Et parfois, il faut remonter pour mieux descendre...

Banco, la faille continue en hauteur, puis redescend en pente douce. Au bout d'une vingtaine de mètres, au détour d'une courbe, on renoue avec la verticale. Il faut planter une cheville spit, activité idéale pour réchauffer le spéléologue en hypothermie tant est compact le calcaire des montagnes du Djurdjura ! Un deuxième puits de 12 mètres, la salle curieuse, la trémie… et enfin la rivière[1], jusqu'au point où j'attends mes camarades porteurs de la corde pour équiper les obstacles à venir, que j'espère nombreux et profonds !

Quand ils me rejoignent, ils confirment mon intuition : on n'est pas loin des –1 000 mètres. Ce n'est pas tous les jours qu'on fait une première comme ça. Les yeux de Michel brillent. Sa revanche sur la vie est émouvante. Mes deux compagnons ne sont pas bavards mais je sens la même joie sourde qui les habite.

J'échange le sac vide contre le plein. Cent mètres de corde, des sangles plates à profusion et trois chevilles de spit : de quoi bouffer du puits.

Ceux-ci sont étroits, je profite du moindre béquet rocheux pour fixer la corde. Les copains font la fine bouche devant un amarrage particulièrement olé-olé. Arrivé en bas du puits, il se décroche ! Tinho le remet en place. Je le rassure : « Il tient… tant qu'on pèse sur la corde ! »

Soudain, cela sent la fin du gouffre. Le plafond s'abaisse, le conduit s'élargit, à demi noyé. Bigre ! L'eau a beau être glacée, la découverte me tenaille. La roche est ciselée de coups de gouge, preuve de la proximité d'une zone siphonnante. Vient un lac forçant au bain, au moins jusqu'à la taille. Je suis saisi, mais je n'en ai cure.

1. Comme raconté en introduction !

Au bout de 10 mètres, la vasque se termine. L'eau file sur la droite, dans un méandre à nouveau étroit, mais il faudrait nager pour traverser la vasque. Brrr… Je remonte, retrouvant les deux compères en haut d'un petit puits dont l'amarrage ne les inspire pas du tout…

« Ça continue, mais il faut se mouiller ou spiter en vire. Venez voir ! »

Devant la vasque, Michel se sent pousser des ailes. Assuré par Tinho, il la franchit dans un superbe pas d'escalade. La corde est tendue entre deux concrétions, en main courante, on se retrouve de l'autre côté. Le trop-plein de la vasque s'élance dans un dernier puits, profond de 7 mètres.

Devant nous s'étale la surface lisse d'un lac, long d'une quinzaine de mètres, qui occupe toute la largeur de la galerie. De toutes parts, le rocher plonge dans l'eau, profonde. Plus de spits pour équiper une traversée, personne ne se sent de se mettre à l'eau et d'ailleurs tout évoque le siphon. Déception !

D'un commun accord, on l'appelle le « Siphon –1 000 ». L'eau est claire, la roche blanche… La parole est maintenant aux plongeurs. On reviendra, avec Charlie !

Au bivouac léger de –840 mètres, les réchauds ronronnent. On se gave de soupes, de boissons énergisantes et de lyophilisés, dont un fameux bœuf Stroganoff qui ne doit probablement ses qualités gustatives qu'au cadre de la dégustation… Et on s'installe pour la nuit, enfin, façon de parler, on enfile des sous-vêtements secs (quel bonheur) et on s'assoit en lotus sous la couverture de survie, isolé du sol par la combinaison repliée. Mais dormir, que nenni. Le froid s'insinue sur les côtés et glace les pieds. Ni Daniel, qui nous a rejoints au siphon avec ses deux coéquipiers parisiens, ni Michel ne dorment. Les Parisiens en revanche écrasent ferme. Quitte à se cailler, autant le faire en remontant, on se rapprochera de la sortie.

Je crois que je n'ai jamais autant espéré revoir le soleil que durant ces 840 mètres de cordes boueuses, où les picots des bloqueurs glissent sournoisement. Le sac est lourd, les paupières aussi. Fréquemment, nous nous endormons sur les cordes, un sommeil flash, et le réveil nous trouve transis, frissonnants, hagards. Huit longues heures interminables.

Il est midi. La dernière étroiture. Déjà je sens l'odeur de la surface... Il faut vivre ces expériences hors du temps pour se rendre compte que la terre, le soleil, l'herbe et les rochers ont une odeur. Une sensation inénarrable. Je m'extrais des blocs. Nous avons passé vingt-trois heures sous terre.

Presque un moins mille

Au camp du Boussouil il y a foule, rien à voir avec notre petite équipe de Pâques. Richard et Yves, déçus de n'avoir pas le temps de descendre voir le siphon (on doit reprendre le bateau dans deux jours), calculent déjà comment se passera « Couscous 84 ».

Sous les tentes battues par le vent, calculatrice en main, nous faisons et refaisons les calculs. Rien à faire, il manque 25 mètres.

Je râle :

« Moins 975 mètres... mince alors, on le rate de peu, le "moins mille" !

— Des "moins mille" il y en a plein, me console Yves, un –975 mètres il n'y en a qu'un : le Léopard !

— Ce siphon, dit Richard, il est pour Charlie, non ?

— Ah oui, il l'a bien mérité… »

Richard Maire, surnommé « le Professeur », est un karstologue adulé des spéléologues car c'est un vrai chercheur de terrain. Fidèle à sa formule, « si on veut découvrir du nouveau aujourd'hui, il faut aller dans les pires montagnes calcaires de la planète », il a été à l'origine des expéditions françaises en Papouasie-Nouvelle-Guinée, et il sera bientôt à l'initiative des expéditions dans l'archipel de Patagonie chilienne[1], et même en Chine.

« Au fait, professeur, tu as compris pour ces taches de léopard ?

— Hé bien, je pense qu'il y a eu des périodes très humides, au cours d'un des deux derniers âges glaciaires, qui ont noyé toute la cavité.

— Sept cent cinquante mètres de mise en charge !

— Oui, et l'argile s'est déposée sur les parois. Quand le gouffre s'est vidé, très lentement, ces couches d'argile se sont agrégées, par une sorte d'attraction intermoléculaire, jusqu'à former ces monticules. »

Épilogue

La revanche du Léopard

L'idée de ce beau siphon à plonger trotte dans nos cervelles. Nous décidons une petite expé express en octobre, avant l'hiver et ses crues fatales aux cordes

1. Auxquelles je participerai de 1997 à 2019… Voir https://centre-terre.fr

restées en place. Charlie, le plongeur de l'équipe, est libre, Richard également, ainsi que deux autres spéléologues vauclusiens, Christian et Hervé. Nous rejoindrons sur place les deux Bernard[1], coopérants en Algérie, et Mohamed Chebbab, pionnier algérien de la spéléologie.

Hélas, dès notre arrivée fin octobre, le mauvais temps s'installe sur le Djurdjura. Montant le pierrier dans le brouillard et sous une pluie fine, nous nous voyons déjà face à un puits du Typhon furieux. À –530 mètres, où nous descendons tout le matos de plongée et de bivouac, nous renonçons devant trois litres à la seconde cascadant dans le puits de 80 mètres. Ce doit être l'enfer plus bas.

Finie la plongée, il faut déséquiper, sauver les meubles avant de reprendre le bateau dans trois jours. Richard et les deux Bernard, qui voulaient au moins voir le siphon du Léopard et comparer avec le Boussouil qu'ils ont exploré en première jusqu'à –805 mètres, partent en avant. Finalement, le Typhon passe bien, mais ça coince plus bas, vers –800 mètres, où l'eau se jette sur la corde. Ils déséquipent les cordes fixes de ce point. Et c'est la routine de l'empilage de kits dans le méandre, de l'ahanement-du-spéléo-qui-en-bave-dans-la-chatière. Quelque vingt heures plus tard, nous sommes à –90 mètres. Brigitte et Chebbab prennent alors le relais.

On a un an pour s'en remettre…

---

1. Participants de l'expédition automne : Brigitte Sebbar, Hervé Argenson, Michel Deniel, Mohammed Chebbab, Bernard Collignon, Luc-Henri Fage, Bernard Lips, Richard Maire, Christian Sabatier, Denis Ziéglé.

Le moins mille

Nous jouons de malchance. À quelques jours du départ de l'expédition Couscous 84 pour le Djurdjura, Charlie est forfait pour raisons professionnelles. La plongée est repoussée *sine die* et nous explorons d'autres massifs du Djurdjura, sans succès notable. Ce sera ma dernière expédition en Algérie.

En effet, j'ai la chance d'être sélectionné pour l'expédition nationale de spéléologie en Papouasie-Nouvelle-Guinée, trois mois dans la jungle des monts Nakanai de janvier à mars 1985. Une aventure grandiose, où je découvre la grande forêt et ses habitants, les gouffres géants de Papouasie et… le cinéma d'aventure, avec une caméra 16 mm. Pendant que je suis bloqué dans une salle de montage à Marseille, des spéléologues catalans, qui m'avaient informé de leur désir de plonger le siphon terminal, ont la surprise de découvrir qu'il n'y avait pas (ou plus ?) de siphon, mais un passage bas, long et très aquatique. Ils découvrent la suite, et s'arrêtent dans un puits à la cote –1 007 mètres, « arrêt sur rien » !

Le premier « moins mille » d'Afrique est donc bien l'Anou Ifflis…

L'été 1986, on prépare une grosse expédition regroupant Français, Catalans et Belges. Mais au dernier moment, on me propose le genre d'aventure qui ne se refuse pas : participer à la descente en raft du fleuve Zaïre, pour réaliser le film et le reportage photo pour le compte de l'agence Sygma, un an après la disparition de Philippe de Dieuleveult et de six de ses compagnons dans les rapides d'Inga… Ce voyage exceptionnel de quatre mois à travers l'Afrique sur le fleuve Congo et les rapides les plus dangereux de la planète, achève de donner à ma vie un cours différent : l'aventure et le cinéma documentaire iront désormais de pair.

Tandis que nous affrontions les rapides de la Luvua, véritable source du Congo, l'expédition 1986 dans l'Anou Ifflis a dépassé le terminus des Catalans, jusqu'à un vrai siphon, à 1 159 mètres de profondeur. Il reste, au moment où j'écris ces lignes, la quatre-vingt-quatrième cavité mondiale en profondeur, mais c'est toujours le seul et unique gouffre de plus de 1 000 mètres en Afrique.

La parenthèse enchantée de notre petite équipe de Pâques restera à jamais gravée dans ma mémoire.

À la mémoire de Charlie Chouquet,
incomparable compagnon d'exploration,
mort accidentellement en août 1989.

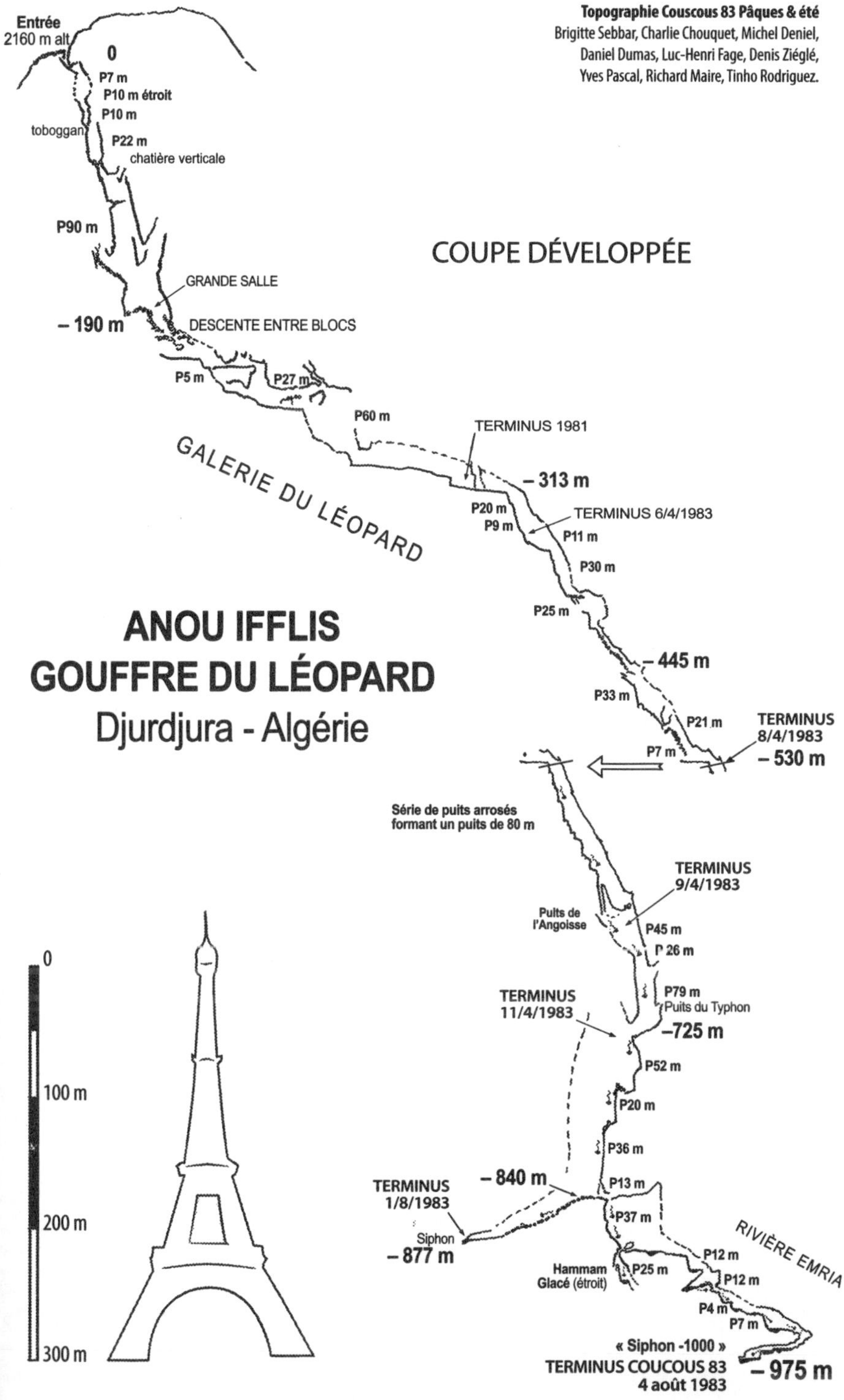
Topographie Couscous 83 Pâques & été
Brigitte Sebbar, Charlie Chouquet, Michel Deniel, Daniel Dumas, Luc-Henri Fage, Denis Ziéglé, Yves Pascal, Richard Maire, Tinho Rodriguez.
Entrée
2160 m alt
0
P7 m
P10 m étroit
P10 m
toboggan
P22 m
chatière verticale
P90 m
COUPE DÉVELOPPÉE
GRANDE SALLE
– 190 m
DESCENTE ENTRE BLOCS
P5 m
P27 m
P60 m
TERMINUS 1981
GALERIE DU LÉOPARD
– 313 m
P20 m
P9 m
TERMINUS 6/4/1983
P11 m
P30 m
P25 m
ANOU IFFLIS
GOUFFRE DU LÉOPARD
Djurdjura - Algérie
– 445 m
P33 m
P21 m
TERMINUS
8/4/1983
P7 m
– 530 m
Série de puits arrosés formant un puits de 80 m
TERMINUS
9/4/1983
Puits de l'Angoisse
P45 m
P 26 m
P79 m
Puits du Typhon
TERMINUS
11/4/1983
–725 m
P52 m
P20 m
P36 m
– 840 m
P13 m
TERMINUS
1/8/1983
P37 m
Siphon
– 877 m
RIVIÈRE EMRIA
P12 m
Hammam Glacé (étroit)
P25 m
P12 m
P4 m
P7 m
« Siphon -1000 »
TERMINUS COUCOUS 83
4 août 1983
– 975 m
0
100 m
200 m
300 m

Un trois-mâts sur l'Amazone

Patrice Franceschi

Que peut encore signifier l'exploration en ce siècle où nous pensons tout connaître de notre planète ? Telle est la question traversant ce livre ; mais avant d'y répondre, il est nécessaire – et même passionnant – de s'interroger sur la nature même de l'exploration.

Cette démarche oblige à dépasser le champ du visible pour découvrir ce qui se trouve derrière les choses immédiatement perceptibles. Tâche exigeante et incertaine – l'affaire de toute une vie, à coup sûr ; cependant, ce voyage intellectuel doit être tenté. Au moins, échappera-t-on au commun des choses qui nous tient en laisse.

Le cheminement du visible vers le moins visible est ce qui m'a toujours le plus tenté dans l'exploration ; cela revient à se demander non seulement ce que peut bien être l'essence profonde de ce concept, mais surtout quelles ramifications il entretient avec l'aventure sous toutes ses formes, c'est-à-dire avec l'ensemble des potentialités de l'existence – si l'on veut bien admettre que l'aventure est le dictionnaire de la vie tout entière.

À mes yeux, ce cheminement est autrement plus révélateur de la nature humaine – et de sa possible exploration intérieure – que l'éventuelle liste des ultimes arpents du globe restés sous les radars de la connaissance ; en vérité, l'un n'empêche pas l'autre, mais tel doit être l'ordre dans lequel on procède. On aura surtout écarté une tentation : se contenter des collections d'anecdotes dont se satisfont généralement les découvreurs du seul monde matériel et terrestre.

Car, le plus souvent, que reste-t-il d'une exploration ? Le récit qui en a été fait. D'une manière ou d'une autre, l'explorateur veut tirer de son vécu une forme de fécondité qui lui survit – sa trace en ce bas monde. La littérature a été inventée pour cela.

Constat maintenant : des innombrables livres d'exploration du temps passé, combien nous sont restés ? Pas un sur cent ; le tamis du temps est cruel. La plupart de ces livres sont oubliés. Question subséquente : quels sont les auteurs qui demeurent dans nos bibliothèques ? Réponse évidente : ceux qui, par leurs écrits, ont su transformer leur expérience en conscience – comme l'assurait Malraux, qui savait de quoi il parlait. Les explorateurs s'étant limités à rapporter de simples faits ont pour la plupart disparu. Il est aisé de traverser la vie sans comprendre et sans apprendre.

Conclusion : les livres d'exploration qui ont vaincu le temps ont tous cherché quelque chose de plus grand qu'eux : dévoiler, par le truchement des évènements vécus et des connaissances acquises, la capacité de l'exploration à générer de la transcendance ; en la matière, le vécu et le savoir ne sont que des intermédiaires.

En somme, aujourd'hui comme hier, la question est philosophique : l'exploration, et l'aventure qui lui est consubstantiellement associée, peuvent-elles faire de nos existences autre chose qu'un simple passage sur terre ? Se soustraire à cette question difficile revient à passer à côté de l'essentiel. Ce serait comme manquer une histoire d'amour par crainte des potentialités de l'amour lui-même.

Ces questions, j'ai eu la chance de me les poser à vingt ans – et fiévreusement –, à cet âge biologique où chacun d'entre nous, quelle que soit sa trajectoire au sortir de l'adolescence, devrait s'interdire de vivre au rabais ; autant commencer le plus tôt possible le « chant de la vie » puisqu'il ne dure que ce que la fuite du temps veut bien nous en concéder – et toujours on s'en aperçoit trop tard. Pourquoi attendre ?

L'impatience est parfois une qualité.

J'avais donc mis en exergue de mon premier livre d'aventure, *Quatre du Congo*, récit initiatique d'une expédition chez les Pygmées d'Afrique centrale, la définition qu'en donnait à l'époque Le Petit Robert :

« EXPLORER : parcourir (un pays mal connu) en l'étudiant avec soin.

EXPLORATEUR, TRICE : personne qui explore un pays lointain, peu accessible ou peu connu. »

Je m'étais senti déçu et frustré d'une définition aussi terre à terre mais m'en étais contenté : timidité d'un gamin face à l'autorité d'un dictionnaire. À vingt ans, il arrive que l'on n'ose pas se mettre suffisamment en péril pour tracer sa propre route ; il faut parfois attendre pour exister vraiment.

Afin de corriger cette impression, j'avais tout de même ajouté à cet exergue un bref extrait du *Discours de la méthode* de Descartes :

« Le grand livre du monde… Voyager, voir des cours et des armées, fréquenter des gens de diverses humeurs et conditions, recueillir diverses expériences, s'éprouver soi-même dans la fortune. »

Cela me convenait mieux… Aujourd'hui, je résumerais la chose ainsi : explorer, c'est refuser de séparer l'action de la réflexion, c'est tenter de recomposer l'homme complet amputé par la modernité. Cela revient à graver dans le marbre une formule définitive : l'homme d'action n'est rien sans la pensée, l'homme de pensée n'est rien sans l'action.

Alors, l'exploration et l'aventure deviennent des territoires de liberté. À bien y regarder, les seuls qui nous restent.

En 2013, dans l'avant-propos d'une nouvelle édition de *Raid papou*, récit d'une expédition réalisée en 1989 au cœur de la Nouvelle-Guinée, j'écrivais :

« La traversée à pied des régions centrales de la Nouvelle-Guinée indonésienne représente le type même d'entreprise qu'un homme peut se créer de toutes pièces quand, voulant l'aventure, il a fait le constat que le monde ne peut plus rien lui offrir de ce qu'il cherche. Car, quoi ? plus de grandes expéditions pour s'en aller explorer les taches blanches de la planète, plus d'escadres à lancer sur les océans afin de toucher des horizons inconnus, plus de grandes batailles à mener pour des causes perdues… Comme dirait le vieux Zorba : rien que des broutilles pour épiciers et comptables. Allez vivre avec ça… »

Don Quichotte n'est pas loin ; il faut l'assumer.

De toute façon, que ferait-on sans lui ?

Nouvelle définition de l'exploration, donc : vivre délibérément libre, à ses risques et périls, en défrichant intellectuellement et physiquement des routes nouvelles dans l'enchevêtrement des sentiers mille fois battus.

Et défricher, c'est souvent accomplir ce qui ne l'a pas encore été.

Il faut s'y employer.

L'une de ces tentatives prend place en 2004. Cette année-là, je décide de lancer le trois-mâts traditionnel que je viens d'acquérir en Suède dans un périple encore jamais réalisé par ce type de navire : la traversée du continent sud-américain par ses fleuves, de l'embouchure de l'Amazone aux abords de la cordillère des Andes.

Mais commençons par le commencement. À l'orée de ce siècle, je perds d'abord dans un naufrage, au large de Malte, mon premier navire, une jonque chinoise avec laquelle je viens de parcourir les mers d'Asie pendant deux ans. « Fortune de mer », disent les marins dans ces circonstances…

J'avais baptisé ma jonque du nom de la frégate de Bougainville, premier navigateur français à avoir réalisé le tour du monde au siècle des Lumières : *La Boudeuse*. Un hommage de l'exploration nouvelle à l'exploration ancienne.

Cette jonque, sur les flancs de laquelle étaient sculptés de magnifiques dragons, nous avait fait vivre, à mon équipage et moi, des aventures rocambolesques ; elle nous avait menés du Cambodge aux îles Andaman et à l'archipel des Salomon, des mystérieuses Moluques à Sumatra, Java et Bornéo, de Flores la langoureuse au dangereux détroit de Malacca, sans oublier Timor, les Philippines et la mer de Sulu, infestée de pirates qui nous avaient donné du fil à retordre. Les expéditions d'explorations scientifiques que nous avions menées dans ces parages incertains s'étaient enchaînées sans le moindre repos : volcanologie, botanique, spéléologie, ethnologie, entomologie, rien n'avait manqué...

Nous étions rentrés par le chemin de l'océan Indien, du canal de Suez et de la Méditerranée. Parvenu au large de Malte, à quelques jours du retour en France, je m'étais dit qu'une mission accomplie n'était rien d'autre que des rêves transformés en réalité.

Et j'en avais mille autres pour l'avenir.

Le lendemain de notre naufrage, à bord du cargo italien qui nous avait sauvés *in extremis*, je m'étais demandé sans amertume : que peut-on faire de rêves futurs fracassés par l'adversité ? Sont-ils la fin de tout – et ma propre fin ?

Je m'étais répondu à moi-même : jamais rien n'est joué. Il faut juste renaître.

En 2004, c'est chose faite. Le nouveau navire, que je suis parvenu à me procurer après mille péripéties, quitte Bastia pour trois années d'aventures autour du monde. C'est un magnifique trois-mâts construit un siècle plus tôt. Je lui ai donné le même nom qu'à ma jonque : *La Boudeuse*. Tout un symbole. De part et d'autre de l'étrave, j'ai fait peindre les têtes de dragons qui ornaient mon navire disparu. Autre symbole : l'âme de la jonque chinoise a migré dans le trois-mâts scandinave. Tout redevient possible – parfois, il suffit de choisir.

Les symboles aident à franchir les obstacles de la vie.

Objectif de cette circumnavigation exaltante : aller à la rencontre des « peuples de l'eau » tout autour de la Terre, ces peuples qui vivent dans des îles perdues, sur des rivages oubliés, le long de fleuves mal connus, dans des archipels aux noms étranges.

Le premier peuple à la recherche duquel nous nous lançons à travers les alizés de l'Atlantique sud est celui des Indiens yuhups d'Amazonie colombienne. Ce sont eux qui vont justifier notre traversée fluviale de l'Amérique du Sud.

J'avais vingt et un ans quand j'ai découvert pour la première fois les Yuhups ; c'était lors d'une éreintante expédition de plusieurs mois à travers la forêt vierge, quand n'existaient ni Internet, ni GPS, ni téléphones portables, ni rien de cette sorte – ces temps anciens où l'on était livré à soi-même, donc véritablement libre.

Les énigmatiques Yupups, maîtres de la fabrication du curare dont ils empoisonnent les pointes de leurs fléchettes, chassent les singes et les oiseaux à la sarbacane, les pumas à la massue, et nomadisent entre le Brésil et la Colombie, nus et ne possédant à peu près rien. Des hommes rares dans un éden implacable. Vingt ans plus tard, au cours d'une nouvelle expédition, je les avais retrouvés, à la fois différents et semblables ; mais toujours libres dans une jungle intouchée, préservée de tout.

Cette fois, je retourne chez eux d'une manière différente. Avec mon navire, je veux explorer un autre champ des possibles. Et ce possible commencera lorsque nous remonterons l'Amazone et ses affluents jusqu'en Colombie. Nous ne nous arrêterons que lorsque les rapides des premiers contreforts de la cordillère des Andes interdiront toute progression. De là, nous continuerons en canot jusqu'au territoire des Yupups.

J'attends avec une hâte fébrile cette traversée de part en part du continent sud-américain sur plus de 3 000 kilomètres – et autant pour revenir. Aucun trois-mâts n'ayant jamais accompli un tel périple, je ne peux avoir aucune certitude quant au succès de l'entreprise.

Mais l'aventure vaut la peine d'être tentée.

C'est cela aussi explorer.

C'est pourquoi prend place maintenant, dans ce récit, le *Journal d'un voyage hors du temps du trois-mâts* La Boudeuse *en Amazonie.*

Un titre que n'aurait pas renié Bougainville, je l'espère...

Bélem, fleuve Amazone, 20 septembre 2004

À minuit, nous achevons le franchissement de l'Atlantique – un trajet sans histoires notables – et embouquons le rio Para qui forme l'un des bras du delta de l'Amazone ; nous ne voyons de la côte, hélas, que les habituelles lumières tremblotantes de ce type de rivage plat et sans repères. Le balisage du chenal se révèle incertain : beaucoup de feux signalés sur les cartes d'approche sont éteints. Navigation délicate dans le noir obscur de la nuit, le cœur battant, radar en action sur petite échelle, gain réglé au maximum, vigies à la proue et dans les mâts jusqu'à l'aube ; il faudrait si peu pour que tout échoue avant même d'avoir commencé...

21 septembre 2004

06 h 00. Le jour se lève dans une lumière livide maculée de lambeaux de brume qui s'effilochent sur l'horizon. Le fleuve Amazone se révèle enfin tel qu'en lui-même. Coup au cœur… Depuis le temps que nous avions rendez-vous avec le fleuve des fleuves ! Il est enfin là, ici et maintenant, frémissant de vie contenue, majestueux en diable.

Autour de nous, les îles et les bancs de sable paraissent innombrables, comme si la main géante d'un démiurge les avait saupoudrés un peu partout dans cette nature immense : parvient-on même à deviner où se trouvent précisément les rives ?

Des pêcheurs dans leurs pirogues nous regardent passer, intrigués ; de longs vols d'oiseaux traversent le ciel, graciles au-dessus de nos mâts. Je bénis la providence qui a décidé de notre arrivée à l'heure exacte de mon quart. À vrai dire, je n'ai pas dormi de la nuit ; non parce que j'ai charge d'âmes en tant que capitaine et que cette charge tient en éveil aux abords de nouveaux dangers, mais parce que je ne voulais rien manquer de cette arrivée mythique.

À 09 h 30, nous sommes au nord du port de Bélem, la grande métropole du delta de l'Amazone. Pour éviter tout problème avec les brigands hantant les parages, je décide de jeter l'ancre à l'écart de la ville. Quinze minutes plus tard, nous mouillons par 7 mètres de fond, filant 50 mètres de notre ancre tribord.

Nous y voilà donc.

Malgré l'excitation de l'aventure à venir, je m'endors avec le regret de l'océan derrière nous. J'aime ce que la vie en mer procure de paix insigne ; tous ces souvenirs aussi, ces images, ces sensations qui me reviennent au milieu de cette première nuit sur l'Amazone : vision nocturne de l'étrave traçant dans le plancton phosphorescent des traînées d'étincelles tourbillonnantes, poissons volants gisants à l'aube sur le pont, enroulés dans leurs nageoires ailées comme des matelots endormis dans leurs couvertures, pureté de la ronde nocturne des constellations au milieu desquelles nous avons inscrit les débuts de notre longue route autour du monde, régularité des alizés qui douze jours durant ont gonflé nos voiles comme un souffle bienfaisant, spectacle toujours renouvelé des bancs de dauphins jouant autour de la coque, vision grandiose des grains du « pot au noir » construisant tout autour du navire comme de gigantesques piliers noirs soutenant le ciel, fraîcheur gluante des bourrasques de pluie balayant la dunette et les hommes de quart engoncés dans leurs cirés, soleil accablant tannant jour après jour nos peaux déjà cuites et recuites... Et la mer, toujours présente, respirant puissamment de sa houle et de ses vagues.

Bélem, 22 septembre 2004

À l'aube, tout est silence dans le halo brumeux qui nous enveloppe ; mais un silence empli des bruits de la forêt équatoriale. Dira-t-on jamais assez combien le vrai silence est habité des rumeurs de la vie ?

Deux jours de repos ont été décrétés pour la vingtaine d'hommes et femmes de l'équipage ; dans les bars de Bélem, on boit, on fait la fête, on ripaille. Il faut bien ça pour reprendre haleine avant l'aventure hors norme qui nous attend ; quand on veut faire de chaque seconde une vie entière, il ne faut pas traîner. Nombre des anciens de la jonque sont là – fortes têtes, durs à cuire et autres personnages sortis de l'ordinaire ; leur grain de folie ne demande qu'à être réemployé. Je les ai choisis pour cela. Et Bélem leur plaît ; voilà une ville pour aventuriers, une ville tendue entre une modernité agressive et le temps héroïque du Brésil ancien, peuplé de récolteurs de caoutchouc, de chercheurs d'or, de bandits de grands chemins, de fermiers impavides, de marchands ambulants et de colporteurs en tout genre ; un univers où fermentent tous les rêves de l'homme, tous ses vices contenus, toutes ses grandeurs inachevées.

24 septembre 2004

À 10 h 45, nous appareillons pour notre longue remontée du fleuve ; 2000 kilomètres nous attendent d'abord pour atteindre la confluence du Japura, l'un des affluents de la rive gauche de l'Amazone. C'est ce Japura qui nous mènera ensuite à la frontière colombienne, éloignée d'un bon millier de kilomètres supplémentaires. Le Japura a une sombre réputation ; il n'en existe aucune carte fiable et on le surnomme le « fleuve des surprises » tant le niveau de ses eaux peut varier avec violence, sans jamais prévenir ; on le dit sujet à des tornades tropicales qui, prétend-on, envoient toute embarcation par le fond.

Compte tenu des embûches à prévoir sur ce long parcours, j'envisage quatre bonnes semaines de navigation avant d'entrevoir les rapides qui marqueront le terme de l'aventure.

À notre échelle, une expédition à la Fitzcarraldo.

Première étape d'importance : la mythique cité de Manaus, à peu près à mi-chemin du Japura.

Tout le jour, nous naviguons entre les impressionnantes murailles de la jungle. Nous contournons la gigantesque île de Marajo qui « encombre » le delta de l'Amazone ; on logerait la Belgique au milieu de cette île aussi plate qu'elle. De toutes parts, des chenaux la contournent et nous sommes pris dans leur labyrinthe, un infernal entrelacs. Ces chenaux ne dépassent pas 50 mètres de large et j'ai le sentiment d'avancer entre deux rangées d'immeubles végétaux bordant un boulevard liquide que notre étrave laboure inlassablement ; sur cette eau plate et limoneuse, le reflet ondoyant des deux têtes de dragons peintes à la proue prend une dimension presque inquiétante, ajoutant au mystère de cette forêt qui nous enveloppe.

Par mesure de sécurité, une vigie demeure en permanence dans le mât de hune, 30 mètres au-dessus du monde des hommes ; jumelles et radio en main, elle alerte la dunette dès qu'apparaît un banc de sable ou l'une de ces innombrables billes de bois charriées par le fleuve. Se faire percuter par l'une d'elles devient une hantise. Imaginer la scène, c'est se rappeler qu'un écart infime sépare le plus souvent le succès de l'échec dans les entreprises humaines. Un écart pas plus épais qu'une feuille de papier à cigarette, j'en sais quelque chose…

Nous devons aussi prendre garde aux filets de pêcheurs, aux barges de transport descendant vers la mer, aux pirogues qui vont et viennent sans buts prévisibles, et aux *lanchas* qui nous croisent régulièrement ; ces bateaux de commerce à fond plat, peints comme des enluminures, sillonnent les fleuves d'Amazonie avec des règles de route aussi aléatoires qu'incertaines…

Bientôt, les chenaux se font tellement sinueux qu'en serrant trop leurs courbes, nous manquons emmêler nos vergues aux branches des arbres penchés sur les rives ; leurs ramures dépassent largement la hauteur de nos mâts. Nous naviguons au plus juste ; les timoniers se relayant à la barre ont fort à faire pour parer les dangers. Mais cette remontée du fleuve est magnifique, constellée d'innombrables petits villages.

Depuis la dunette, j'observe cette jungle que j'aime tant, à la fois proche et distante ; proche parce que je pourrais presque la toucher, la palper, la pénétrer, m'engouffrer en elle comme je l'ai fait tant de fois ; mais toujours distante par les énigmes qu'elle contient, incompréhensibles et insaisissables. Je sais si peu de l'infinité des secrets biologiques ou physiques de la forêt équatoriale, ces secrets que la science n'en finit pas de scruter, d'étudier, d'approfondir, jusqu'à s'en donner le tournis parfois, tant connaître c'est se rendre compte de son ignorance, découvrant par là même que le puits du savoir est sans fond ; sous cet angle, chaque feuille, chaque branche, chaque insecte, chaque plante, est alors ce qu'il est : une somme de connaissances vertigineuses aux interactions innombrables, dont la complexité touche au mystère de la vie.

Mais cette image existentielle que traduit la jungle porte en elle autre chose encore : le romantisme de son exubérance. La jungle est le monde de l'onirisme par excellence. Tout n'est que bruits de feuillage, vibrations imperceptibles, reptations inquiétantes, cris d'oiseaux multicolores, chamailleries de singes, craquements de mille sortes… Tout n'est aussi que violence débridée et âpre liberté : dans ce fouillis se trouve la véritable cruauté du monde ; on découvre avec effroi ces meurtres innombrables entre insectes, ces guerres sans merci livrées à longueur de temps par des colonies de termites ou de fourmis impitoyables, ces combats terribles entre mille prédateurs, ces incessantes luttes pour la survie livrées désespérément par les faibles contre les forts, et ces batailles encore entre jaguars et tapirs, entre carnivores implacables et malheureux herbivores au destin tracé d'avance.

La description de cet univers porte aux superlatifs parce qu'il est superlatif lui-même ; c'est un univers brutal, explosant d'une vie inouïe – puissance dionysiaque et sans but que rien n'enchaîne.

Ce monde incomparable exhale une odeur d'humus entêtante au charme vénéneux qui parvient jusqu'au navire, mêlée de senteurs de fleurs sauvages et de bois mouillés ; un mélange presque enivrant et caressant, doux comme on peine à l'imaginer. On sent, on écoute ; et on découvre soudain l'essentiel : la grande jungle d'Amazonie est une métaphore constante et inlassable de la puissance possible contenue dans toute existence humaine.

Sentir cette puissance telle qu'en elle-même, par-delà les faits concrets qui la composent, représente ce que j'appelle une découverte de l'invisible – l'autre forme possible de l'exploration du monde.

Alors, on ne se lasse pas de revenir dans le monde d'ici-bas et d'admirer le camaïeu des verts de la jungle qui plonge ses pieds dans l'ocre des eaux de l'Amazone et touche de ses mains le bleu argenté du ciel.

20 h 00 :

Nous en avons fini avec l'enchevêtrement périlleux des chenaux de Marajo ; l'Amazone s'est faite immense ; nous progressons de nuit, naviguant au radar pour surveiller les rives et au sondeur pour contrôler l'eau dont nous disposons sous la quille. Douze mètres dans l'immédiat – rien à craindre pour l'instant ; et les cartes du fleuve sont fiables jusqu'à Manaus.

Bien plus tard, nous laissons sur bâbord l'entrée d'un autre fleuve géant, le rio Tocantin. Dans les ténèbres, nous n'en voyons qu'un vaste trou noir et insondable, saupoudré d'étoiles glacées.

À minuit, nous préférons arrêter notre course aveugle. Ne pas trop tenter le diable… Nous jetons l'ancre près d'un petit village du nom de Curalinho ; nous n'en saurons rien de plus que ce nom porté sur notre carte. Allongé dans ma couchette, je cherche à imaginer, avec une étrange forme d'envie, la réalité propre de ce village perdu. Je sais au moins que, depuis des générations, on y vit au seul rythme de la forêt vierge qui égrène un temps ne ressemblant à aucun autre ; un temps dont on finit par croire qu'il n'existe plus.

Toute la nuit, je reste à l'écoute du souffle soyeux des dauphins d'eau douce venant respirer à l'avant du navire.

25 septembre 2004

Au lever du jour, tandis qu'on s'affaire pour l'appareillage, je suis envahi par une question nouvelle : remonter un fleuve ne revient-il pas à remonter à la source de soi-même, vers les vrais rivages énigmatiques ?

Et si c'était à cela que songeait Conrad en écrivant *Au cœur des ténèbres* ?

Alors, on pourrait bien appeler cette quête : « Mère de toutes les explorations » – autre mode de saisie de l'invisible...

Plus nous avançons à l'intérieur du continent sud-américain, plus la combinaison chaleur/humidité devient implacable, pernicieuse, sans adjectif précis tant tout devient moite, visqueux, gluant... Le jour, nos corps suintent d'une transpiration qui semble inépuisable ; la nuit, quelques minutes suffisent à tremper les draps des couchettes – on dort mouillé jusqu'à l'aube. Chacun souffre sans trop se plaindre de l'absence volontaire de climatisation, attendant le moment où l'adaptation au climat se fera naturellement, par la force des choses ; à ce stade, chacun sera mieux armé pour affronter le milieu naturel dans lequel nous pénétrons peu à peu et dont le plus dur nous attend.

Nous croisons sans cesse des *lanchas* et des *tapouilles* peinturlurées, souvent aussi grandes que *La Boudeuse* et ses 46 mètres de long. Certains de ces braves bateaux de bois prennent plaisir à engager des courses-poursuites avec nous, leurs équipages multicolores agitant les bras, hurlant et criant de joie : un trois-mâts en route pour Manaus comme au bon vieux temps de l'épopée du caoutchouc ! Quel spectacle sans doute pour ces Brésiliens... Pour nous, il est inversé ; il se trouve dans la vision de leurs bateaux de commerce surchargés de ballots de toute nature, de toutes sortes, de toutes tailles, sans formes définies, caisses et cartons entassés, enchevêtrés, emmêlés, empilés sans équilibre apparent, le tout tenant ensemble comme par magie. Les *tapouilles* à passagers sont encore plus impressionnantes : simples barcasses surélevées de plusieurs étages de cabines brinquebalantes, comme posées de guingois les unes sur les autres par des architectes fous, elles sont semblables à des fourmilières humaines emportées par le courant vers on ne sait quelle destination, quel destin.

Voilà mille têtes entrevues sur ces bateaux, mille têtes que l'on croise quelques secondes à peine, têtes toutes différentes dans leur identité, toutes semblables dans leur humanité, et que l'on ne reverra jamais.

Au fond, comme sur les trottoirs d'une grande ville…

26 septembre 2004

Des orages impressionnants, aussi brefs que violents, s'abattent désormais sur nous avec une régularité de métronome. Ces masses d'eau crépitent comme des mitrailleuses sur le pont, flagellant timoniers et vigies ; elles finissent par les glacer dans leurs cirés de caoutchouc. L'eau est donc partout maintenant : sous nos pieds, au-dessus de nos têtes, dans l'air ambiant, et en cataractes bruyantes sur les montagnes végétales encadrant notre navire.

Après chaque pluie, la grande forêt amazonienne suinte pendant des heures du goutte-à-goutte de ses milliards de feuilles ; un goutte-à-goutte qui tintinnabule de branche en branche depuis le sommet des arbres jusqu'à l'humus du sol.

S'installe alors dans cet univers violent une insaisissable mélancolie.

27 septembre 2004

Dure journée : nous manquons d'abord perdre le navire, puis un membre de l'équipage...

Tout commence par un maudit banc de sable sur lequel nous nous échouons. Le jour vient à peine de se lever et nous sommes encore entre veille et sommeil, lorsqu'une onde de choc se met à courir brutalement le long de la coque, de l'avant vers l'arrière – et nous voilà soudain stoppés dans notre élan. *La Boudeuse* s'immobilise, tous les bruits cessent ; on n'entend plus que le chuintement de l'eau sur les flancs du navire.

Notre vigie n'a rien vu venir dans la pénombre. Maintenant, il est trop tard.

Les bancs de sable sont nos pires ennemis depuis que nous nous sommes engagés sur l'Amazone. Ils sont généralement invisibles du fait de leur couleur, pareille au limon, et souvent à fleur d'eau pour ne rien arranger. Naturellement, ils bougent sans cesse, en fonction des courants, du vent et de leurs caprices et sont donc rarement portés sur les cartes.

Tout l'équipage est sur le pont maintenant, réveillé en sursaut et galvanisé par le sifflet du bosco pour engager le plus vite possible une manœuvre de sauvegarde.

La quille de *La Boudeuse* s'est fichée dans le sable sur sa partie avant tribord ; il faut la dégager avant qu'elle ne creuse une « souille » qui rendrait impossible toute sortie par nos propres moyens. Cependant, les manœuvres avant-arrière à la machine ne donnent rien, pas plus que l'aide de notre canot principal, aussitôt mis à l'eau, et qui pousse à l'étrave, d'un côté comme de l'autre, de toute la puissance de ses 50 chevaux. Sans moyen de remorquage, il va être difficile de dégager les 250 tonnes de notre navire.

Après une heure de vains efforts, nous commençons à désespérer. C'est alors que Vincent Trousseau, l'un des administrateurs du bord, annonce tout à coup :

« Eh, camarades, je crois que le bateau bouge tout seul ! Vous n'avez pas senti ?

— C'est vrai, approuve Maxime, le second administrateur, on dirait que l'eau monte.

— C'est la marée, s'exclame Giao N'Guyen, le premier lieutenant. La marée, évidemment… On l'avait oubliée celle-là depuis que nous ne sommes plus en mer… Je n'aurais jamais pensé qu'elle se fasse sentir aussi loin à l'intérieur des terres.

— En tout cas, dis-je, avec un peu de chance on va s'en sortir comme ça. Il suffit d'attendre ; on va vite savoir si l'eau peut monter assez haut malgré la distance de la côte… »

Nous avons la réponse une heure plus tard quand une infime secousse nous apprend que notre navire est enfin libéré par le seul miracle de la loi d'Archimède. Je souffle d'un soulagement insigne. Sans la marée, nous aurions pu rester ici un temps infini. Où à jamais. Je me dis que lorsque nous serons sur le Japura, il ne faudra pas plaisanter avec ces bancs de sable ; si l'un d'eux nous emprisonne tout là-haut, il n'y aura aucune marée providentielle pour nous sauver – et personne pour nous dégager…

Mais il faut poursuivre. Après tout, la chance a été avec nous – même si la différence entre elle et sa sœur jumelle, la malchance, est parfois infime.

En début d'après-midi, les conditions sont réunies pour envoyer nos voiles carrées. Le fleuve est assez large et le vent maîtrisable par rapport aux méandres à venir ; en dix minutes, à coups de sifflet et de porte-voix, tout le monde est dans la mâture et sur les vergues à desserrer misaine et huniers. Bientôt, les trois voiles du phare carré se déploient dans un ciel bourgeonnant de cumulus.

J'envoie alors l'un de nos canots en reconnaissance, loin sur notre avant. Il est monté par Dominique Martial, cinéaste du bord, et ma camarade Hedwig Marzolf, philosophe avec laquelle j'ai fait une partie de mes études à la Sorbonne.

À peine ont-ils disparu devant nous, à 15 h 25 précisément selon le journal de bord, que nous talonnons à nouveau ; cette fois, un haut-fond qu'ignorait superbement la carte... C'est moins grave qu'un banc de sable mouvant, mais nous ne parvenons à nous dégager que par un miracle indicible ; vingt ans après, je ne sais toujours pas comment. Cette nouvelle alerte m'engage à carguer toutes nos voiles et à poursuivre au moteur ; inutile de dilapider trop tôt notre capital chance...

À 17 h 00, nouvelle montée de stress alors que la nuit approche ; je reçois un appel pressant de Dominique à la radio :

« Patrice ? Hedwig a été mordue par quelque chose en mettant le pied dans l'eau. Ralentissez, je la ramène tout de suite.

— On stoppe tout, dis-je à l'officier de quart qui réduit aussitôt la machine. Dominique, tu as une idée de ce qui a pu arriver exactement ?

— Pas la moindre pour l'instant… »

Je regarde ma montre : dans moins d'une heure, l'obscurité s'abattra sur nous, presque d'un coup comme toujours sous l'équateur, sans guère de crépuscule.

J'appelle notre médecin, Pierre Chesneau :

« Prépare ton matériel, je crois qu'on va avoir besoin de toi… Il se pourrait bien qu'un serpent d'eau ait mordu Hedwig.

— Ce sont les pires des serpents, tu sais ?

— Je sais… »

Trente minutes plus tard, le canot nous aborde par la coupée ; nous hissons Hedwig sur le pont ; elle est terriblement pâle mais ne montre aucun trouble, maîtresse d'elle-même. À vingt-sept ans, elle a déjà le calme des vieilles troupes. Une fois allongée sur l'une des banquettes du carré salle à manger, nous examinons son pied droit ; deux petites plaies rougeâtres et biseautées sont nettement visibles, juste sous la malléole ; Pierre et moi avons vu assez de morsures de serpents dans notre vie pour savoir à quoi nous en tenir. L'écartement des plaies est même suffisamment large pour laisser supposer un serpent de bonne taille.

« C'est grave ? demande Hedwig.

— Je ne sais trop, répond Pierre, faussement rassurant. C'est peut-être un serpent qui t'a mordue, peut-être autre chose. Tu as mal ?

— Ça commence, oui… J'ai l'impression que ma jambe s'engourdit peu à peu. »

Inquiet, l'équipage s'est rassemblé autour de notre camarade blessée. Je lance à tout le monde :

« On évacue tout de suite Hedwig. Voici la répartition des rôles. Patrick, en tant que second capitaine, tu vas prendre le navire en charge et commencer par localiser sur la carte l'hôpital le plus proche ; tu devrais en trouver au moins un, nous ne sommes plus très loin de Manaus... Pierre, tu t'occupes évidemment de la partie médicale. Dominique te secondera ; prépare Hedwig pour un long parcours en Zodiac. Denis, tu es notre meilleur matelot question canots. Tu mets dans le plus grand d'entre eux tout le nécessaire pour une navigation de nuit : lampes, boussoles, rations de survie, radios portables, n'oublie rien ; tu les ajoutes au matériel de dotation du canot. Tu me relaieras pour piloter, je m'occuperais de la navigation. Allez, au travail maintenant, on doit être partis dans cinq minutes. »

Patrick me rejoint bientôt :

« Capitaine, d'après les instructions nautiques brésiliennes, l'hôpital le plus proche, en fait un gros dispensaire, se trouve dans un petit bourg du nom de Monte Alegre. Ce n'est pas trop loin, heureusement. »

J'étudie un long moment l'endroit indiqué par son doigt sur la carte :

« En trois heures de Zodiac plein moteur on devrait y être, dis-je. Tu nous suis derrière avec le navire et on se retrouve à Monte Alegre. Pas d'inquiétude prématurée. On garde le canal 68 pour la radio. »

L'évacuation d'Hedwig commence à 17 h 45 exactement.

Nous décollons des flancs de *La Boudeuse* dans une gerbe d'écume, traçant aussitôt un sillon argenté dans l'ocre du fleuve. Juste comme le jour faiblit.

Hedwig est allongée au milieu du canot, notre médecin penché sur elle. Il a préparé la plaie, administré les produits nécessaires pour retarder la montée du venin vers le cœur. Il n'y a plus qu'à foncer vers Monte Alegre pour faire injecter à notre camarade le sérum antivenimeux adéquat.

Trois heures durant, dans une obscurité totale, je trace notre route au plus court. Il y a beaucoup d'îles et de bras d'eau un peu partout ; largement de quoi se perdre sur l'Amazone immense ou faire un mauvais choix d'itinéraire. Penché sur la carte, lampe à la main, je cherche les meilleurs raccourcis, relayant Denis à la barre du moteur.

Il est près de 21 h 00 quand derrière un dédale de chenaux végétaux apparaissent enfin les premières lueurs de Monte Alegre. Encore quelques efforts et nous atterrissons sur un semblant de quai en dur où sont amarrées de petites *tapouilles*. Un quart d'heure supplémentaire et des habitants compatissants nous guident vers le dispensaire où le médecin de garde confirme la morsure de serpent :

« Un surucucu, sûrement, précise-t-il avec une moue de dégoût. Ce sont les pires. Mais on a l'habitude ici ; on va faire le nécessaire et ça devrait aller. Il est juste temps et votre médecin a bien travaillé. »

Un moment plus tard, Hedwig est installée dans une petite chambre, des infirmières se pressent autour d'elle : sérum, antalgique et autres flacons de glucose passent dans ses veines au plus vite.

Tout ce qui pouvait être fait l'a été. Il n'y a plus qu'à attendre et espérer.

À 22 h 30, *La Boudeuse* jette l'ancre devant Monte Alegre.

29 septembre 2004

Quarante-huit heures ont passé…

Soulagement intense ce matin. Hedwig est déclarée définitivement sauvée.

Selon les médecins du dispensaire, il s'en est quand même fallu de peu. À une ou deux heures près, elle n'en réchappait pas. La plaie de son pied est impressionnante, se nécrosant déjà, grise et purulente ; un bon mois de soins quotidiens sera nécessaire pour que cette plaie cicatrise vraiment. Fichu venin…

Cependant, Hedwig me demande de reprendre aussitôt sa place à bord – comme si de rien n'était. Non seulement elle tient à poursuivre l'aventure, quoi qu'il lui en coûte, même quand il s'agira de s'enfoncer en canot et à pied dans le territoire des Indiens yupups, mais surtout, elle refuse qu'un destin contraire puisse décider à sa place de ses choix de vie.

La conscience qu'elle a tirée de sa malheureuse expérience se résume en une leçon toute simple : pourquoi l'infortune devrait-elle nous faire dévier de notre route quand le but à atteindre en vaut la peine ?

Nous ramenons Hedwig à bord et une fête digne de ce nom est donnée sur le pont central afin de saluer sa bravoure. En son honneur, nous buvons force rhum sous la voûte des étoiles, contemplons la lune dont l'étrange couleur rousse irradie la surface du fleuve en un spectacle rare et poignant, chantons jusque tard dans la nuit, et repartons dès l'aurore venue, reprenant notre route, inlassablement.

30 septembre 2004

Depuis Bélem, j'ai pris les quarts de 04 h 00 et 16 h 00. À chaque aube, je contemple donc le soleil se levant sur l'Amazone, souvent dans une brume de chaleur d'une infinie légèreté, et le soir, je le vois s'enfoncer dans le fleuve entre les nuages touchant l'horizon. Bonheur absolu ; cette remontée du fleuve géant me semble maintenant comme une remontée dans le temps.

Les passages entre les îlots se révèlent de plus en plus étroits et nous devons louvoyer entre des filets de pêcheurs éparpillés sous la surface sans que grand-chose ne les signale : il serait mortel pour notre hélice de se prendre dans l'un d'eux. Nous craignons également les innombrables troncs d'arbres à la dérive entre lesquels nous devons passer. Arrachés des berges lors des tornades, ou abattus par la vieillesse, ils sont charriés par le fleuve jusqu'à la mer comme des âmes en peine descendant le Styx ; le hasard de leur course les abandonne souvent dans les courbes trop encaissées où ils finissent leur vie en pourrissant au gré du temps, parfois réunis en amas de béliers menaçants.

Dans les petits villages accrochés aux rives de l'Amazone – des rives parfois hautes de plusieurs mètres –, on nous regarde passer, presque à portée de main, avec la plus grande des stupéfactions ou la plus parfaite indifférence, c'est selon – variation de la nature humaine, sans doute… Dans le premier cas, on s'agite avec des bourdonnements de ruche surprise par des frelons, hurlant et courant le long de la berge pour nous suivre aussi longtemps que possible ; dans le second cas, c'est tout juste si les conversations s'interrompent un instant avant de reprendre leur cours, comme si de rien n'était.

En dépit de toutes nos précautions, nous nous échouons à nouveau en milieu d'après-midi, à l'ouest d'une île nommée Jupuri. Après de nouveaux efforts, de nouvelles montées d'adrénaline et quelques moments de frayeur, nous nous en sortons quand même. Mais jusqu'à quand durera notre chance ? Ces abominables bancs de sable sont tellement difficiles à repérer ; nos vigies vivent dans l'angoisse du moindre instant d'inattention.

En ce 30 septembre, mon journal personnel porte les notes suivantes concernant la vie quotidienne du bord : « Ali le bosco, secondé par le gabier Christine Chevrier, supervise l'entretien du jour pour les bâbordais de l'équipage : il faut piquer la rouille, peindre ce qui doit l'être, sans oublier de fourrer les étais, de fourbir les cuivres, de tresser des badernes pour la protection des voiles, et de confectionner des choucanes. Travail toujours aussi fastidieux, éreintant, mais absolument nécessaire… Le gabier Cadichon, malade, est mis au repos jusqu'à nouvel ordre par le médecin. Le soir, nous buvons à nouveau force rhum pour l'anniversaire du matelot Sophie Mousset. »

3 octobre 2004

Deux jours ont passé sans histoire – c'est inattendu – et les lumières de Manaus apparaissent à l'aube, juste après qu'un grain apocalyptique nous a écrasés de cataractes d'eau chaude et gluante dans des éclairs éblouissants et un fracas de tonnerre à en perdre l'ouïe – prodigieuse démonstration des forces de la nature…

Le loch indique que nous avons déjà remonté l'Amazone sur 883 miles – 1 500 kilomètres environ. Le courant reste modéré ainsi qu'il l'a été depuis Bélem ; nous filons nos 5/6 nœuds sans problème.

Enfin, nous passons avec précaution la confluence du célèbre rio Negro sous une lune noyée dans les nuages ; nous apercevons tout de même l'incroyable ligne de partage qui sépare nettement les eaux ocre de l'Amazone de celles d'un noir profond du rio Negro. Elles mettent longtemps à se mélanger tant la puissance de leurs courants respectifs se neutralise.

Une heure plus tard, nous mouillons loin à l'écart de la ville.

Manaus, 11 octobre 2004

Une semaine vient de s'écouler dans la grande capitale amazonienne. Mais pas de repos pour moi ; j'ai dû résoudre mille problèmes imprévus, à commencer par celui posé par les autorités militaires de la ville. Le général commandant la flotte navale de l'Amazonie occidentale – tel est son titre – a pris la décision d'interdire à un trois-mâts comme le nôtre de s'engager sur les affluents menant à la Colombie : « Impossible que vous parveniez jusque-là, a-t-il affirmé ; trop de hauts-fonds et de bancs de sable partout ; et aucune carte fiable du Japura. Vous allez vous échouer irrémédiablement et personne n'ira vous chercher dans de pareils endroits. En outre, du côté de cette frontière opèrent les rebelles des FARC et les paramilitaires colombiens que personne ne contrôle, sans parler des narcotrafiquants. Cela fait beaucoup trop de risques. »

Plusieurs jours ont été nécessaires pour convaincre du contraire ce brave général à l'uniforme blanc immaculé ; mais j'y suis parvenu, non sans avoir fait appel au sourire de toutes les filles du bord pour l'amadouer lors d'une réunion d'anthologie dans son bureau... Nous sommes autorisés à repartir où bon nous semble en échange d'une lettre en bonne et due forme exonérant l'État brésilien de toute responsabilité dans ce qui pourrait advenir à *La Boudeuse* et à son équipage.

Cela nous va.

12 octobre 2004

En route vers la Colombie...

Le soleil se lève comme un disque d'acier chauffé au rouge. Au soir, nous le voyons se diffracter en halo de fin du monde à l'intérieur d'immenses cumulonimbus verticaux. La nuit, l'horizon se couvre de flambées d'éclairs qui nous renvoient à notre infinie petitesse devant les forces déchaînées de la nature. Dans la journée, cette nature s'est montrée tout de même plus sereine lorsque des dauphins d'eau douce sont venus danser un ballet étourdissant autour de nous.

13 octobre 2004

Une heure après la tombée du jour, nous quittons l'Amazone pour embouquer enfin le Japura, ce « fleuve des surprises » qui doit nous conduire vers la Colombie.

Son accueil est pour le moins cruel ; en moins d'une minute s'abat sur nous en essaims compacts un nombre inconcevable d'insectes de toutes sortes, de toutes espèces et de toute nature. Des millions – ou milliards ? – de mouches, pucerons, moustiques, éphémères, termites ailés et autres moucherons s'insinuent partout dans le navire et jusqu'à l'intérieur de nos vêtements, piquant et mordant à l'occasion. Impossible de comprendre l'origine d'une telle vilenie ; d'autant que ces nuées d'insectes vont miraculeusement disparaître le lendemain avec une désinvolture qui n'a d'égale que celle qui les avait amenés chez nous.

L'Amazone, à l'image de la vie, est bien une suite ininterrompue de points d'interrogation. Autre saisie de l'invisible...

15 octobre 2004

L'équipage appelle la pluie de ses vœux... Le pont brûle sous les pieds, la chaleur est étourdissante, et pas un souffle de vent ne vient adoucir cet enfer. Chacun à bord cherche la moindre parcelle d'ombre où il peut ;

pour ne rien arranger, les insectes sont revenus en masse et s'en donnent à cœur joie contre nous. Dans les coursives, j'entends dire : « C'est l'Amazonie, pourquoi s'étonner ? Que personne ne se plaigne… » Et certains d'ajouter suavement à l'intention des moins résistants : « Ça ne fait que commencer, les gars, attendez la suite, vous n'avez rien vu… »

Ces deux derniers jours, nous avons avancé sans croiser la moindre pirogue : pas âme qui vive sur le Japura, dirait-on. J'ai le sentiment étrange et presque insondable que tout devient plus dur et périlleux, comme si chaque chose prenait plus de consistance, de densité, d'épaisseur : le climat, le fleuve, la jungle elle-même, toujours plus proche avec les rives qui se resserrent. À mesure de l'écoulement inexorable des jours – cet écoulement qui nous entraîne toujours plus avant dans les profondeurs de l'Amazonie – il me semble toucher à une réalité sans cesse plus forte et vraie. En définitive, remontons-nous aux sources de nous-mêmes ? aux sources de tout autre chose ? d'une énigme qui reste à déchiffrer ? d'un mystère qui nous sera donné si nous persévérons jusqu'au bout ?

Et si remonter vers les sources d'un fleuve s'apparentait à une forme inédite d'élévation mystique ?

Le franchissement d'un passage dénommé « Parana do Jaraqui » nous jette dans une nouvelle angoisse. Il est si étroit que nous devons littéralement nous glisser dedans, comme un fil dans le chas d'une aiguille. La jungle défile si près de nos flancs que nous pouvons presque la toucher de nos bras tendus ; une simple erreur de barre, un ordre mal interprété, un mauvais jugement des distances, et tout pourrait s'arrêter contre la muraille hostile de la jungle.

Cependant, une nouvelle épreuve nous attend encore : la traversée d'un petit chenal non hydrographié appelé « Do Boia dor ». Méfiant, j'envoie l'un de nos canots sur notre avant avec trois hommes pour sonder à la main.

Un premier appel radio me parvient bientôt :

« Capitaine, il y a tellement de courant dans ce p… de chenal que le plomb de la sonde n'arrive pas à filer droit dans le fleuve…

— La poisse ! Bon, faites au mieux et tenez-en compte dans vos mesures. De toute façon, on n'a pas le choix. Donnez les profondeurs à la volée. »

Nous continuons ainsi, égrenant les minutes avec inquiétude : « Quatre mètres, cinq mètres, trois mètres… », la voix dans la radio poursuit sa litanie sans joie. Enfin, les fonds remontent, la rivière s'élargit et nous parvenons intacts de l'autre côté de ce périlleux chenal. L'esprit apaisé, nous stoppons notre course et remontons le canot au bossoir arrière, nous défoulant de la tension accumulée en le hâlant à toute force, pendus aux cordages. Si nous sommes passés sans encombre, je crois que c'est pour une bonne part grâce à la chance sans laquelle on ne fait rien.

Quoi qu'il en soit, tracer notre route vers l'autre extrémité du continent sud-américain se révèle de plus en plus dangereux ; je décide désormais de jeter l'ancre dès la nuit tombée, là où le hasard nous aura menés. Continuer à naviguer de nuit serait pure folie.

Fleuve Japura, 17 octobre 2004

À 06 h 30, un tronc d'arbre heurte violemment notre hélice ; il fallait bien que cela arrive un jour… Un choc sourd, de brusques vibrations et mon cœur se met à battre plus vite. Je bondis à l'arrière de la dunette, me penche par-dessus le couronnement arrière : l'arbre qui nous a touchés part déjà à la dérive dans le bouillonnement de notre sillage. Plus de peur que de mal…

Je hèle les vigies : « Oh, là-haut, redoublez d'attention avec ces troncs d'arbres. J'ai l'impression qu'ils vont être nombreux maintenant. N'en ratez plus un seul ! »

C'est alors que mon frère Éric s'exclame : « Hé, regardez ça ! On dirait qu'il y a un bateau échoué près de la petite île là-bas… »

Je braque mes jumelles dans la direction indiquée : pas de doute. Il s'agit bien d'une *tapouille* marchande, enfoncée droit dans un haut-fond bordant l'île en question. D'après l'état de sa coque, elle se trouve là depuis longtemps.

Sinistre présage.

18 octobre 2004

Des bandes de roches très dures apparaissent sur les rives ; elles forment la base de hautes falaises ocre situées dans les courbes les plus accentuées du fleuve. Nouveau danger. Les toucher reviendrait à couler par le fond. Ordre est donné aux chefs de quart de maintenir le navire au centre du fleuve quoi qu'il arrive – et tant pis pour les éventuels bancs de sable. Ils vaudront toujours mieux qu'un trou dans la coque. Grâce à Dieu, nous ne sommes plus très loin de la frontière colombienne et des premiers rapides du fleuve. La victoire est à portée de main.

Nous voilà néanmoins louvoyant toute la journée dans un entrelacs saisissant de langues de sable affleurant partout ; elles ont mille formes différentes et toutes les tailles. Par chance, elles sont repérables de loin grâce à la couleur très claire de leur texture ; on ne peut quand même pas avoir toujours les éléments contre nous...

19 octobre 2004

À 07 h 35, nous manquons nous échouer sur un haut-fond diabolique ; il se présente brusquement devant nous, droit comme une muraille, juste à fleur d'eau, sans la moindre pente pour prévenir, quasiment invisible.

La vigie l'aperçoit quand il n'est plus distant de l'étrave que de quelques mètres ; elle hurle aussitôt : « Haut-fond droit devant ! », provoquant d'un bout à l'autre du navire l'émoi qu'on imagine. À la dunette, nous battons « arrière toute » en catastrophe ; et la chance nous sourit. De l'eau se trouve « à courir » juste à droite du haut-fond et l'avant de *La Boudeuse* pivote de ce côté-là. Nous frôlons l'obstacle dans des éboulis de sable et retrouvons d'un seul coup 5 mètres d'eau sous nos pieds.

Il s'en est quand même fallu de peu...

Mais nous n'avons guère le temps de nous réjouir ni de souffler ; à peine avons-nous découvert un passage libre que quinze minutes plus tard, à 07 h 50 selon le journal de bord, nous heurtons par l'avant bâbord un nouveau banc de sable malencontreux, absolument invisible cette fois ; fort heureusement, nous le touchons avec lenteur.

« C'est pas Dieu possible, grommelle Ali, notre irascible bosco. On va finir par y rester. »

Je regarde autour de nous : de la jungle et encore de la jungle au milieu des méandres du fleuve ; des oiseaux dans le ciel, des cris d'animaux partout mais pas âme qui vive à l'horizon. L'impression d'être vraiment seuls au monde.

Quelques avant/arrière suivent aussitôt, de toute la puissance de notre moteur ; chacun retient son souffle, selon l'expression consacrée. Il faut vraiment que nous sortions de là avant qu'il ne soit trop tard. Plus nous attendons, plus la souille qui se creuse sous la quille fait ventouse.

Un dieu pour les marins d'eau douce que nous sommes devenus doit exister quelque part, car soudain toute la coque vibre, s'ébranle, penche sur tribord, se redresse, et, d'un seul coup, nous voilà dégagés.

Ce banc de sable sera l'ultime obstacle auquel nous échapperons dans notre course folle. Après lui, nous n'aurons plus à parcourir que quelques méandres sans histoire pour parvenir au but de notre aventure, Vila Bittencourt, poste frontière avec la Colombie.

Nous y arrivons à 13 h 30 ce jour-là, sans autre fait notable à rapporter. Avec une joie insigne, nous filons notre ancre tribord devant le poste. Et nous crions tous : « Victoire ! »

Pour la première fois, un trois-mâts a traversé de part en part le continent sud-américain.

Cependant, tout ne s'arrête pas là. Les jours suivants, une partie de l'équipage entreprend de ramener *La Boudeuse* vers l'Atlantique tandis que l'autre franchit avec moi les rapides en canot pour s'enfoncer dans le territoire des mystérieux Indiens yuhups, suite naturelle de notre remontée de l'Amazone.

Mais ceci est une autre histoire.

En attendant, quelque chose s'est définitivement gravé en nous : l'idée que l'exploration, par-delà les découvertes qu'elle permet, nous transforme en profondeur dans chacun de nos actes ; et comme dans toute aventure, ce que l'on en retire est à l'exacte mesure de ce que l'on a bien voulu y mettre.

La traversée du Taklamakan

Philippe Frey

Le désert écoute. Mais les hommes n'entendent pas.

Miguel de Unamuno

Le temple du Phénix et du Dragon, mai 2018

Le froid est vif ce matin à 3 500 mètres d'altitude. L'eau de la source en contrebas n'est pourtant pas gelée, malgré le givre sur la rocaille. Nous sommes trois : mon ami chinois Mickaël, que je connais depuis quinze ans à présent et avec qui j'ai monté toutes nos explorations des déserts de Gobi précédentes, moi, et un étrange personnage qui vient d'apparaître au sortir d'une porte intérieure du temple. Comme prévenu par une soudaine intuition.

Car, avant ma traversée seul du plus grand ensemble de dunes d'Asie centrale, je voulais absolument me rendre dans le plus haut temple taoïste du monde. Situé au cœur de cette partie quasiment inaccessible du Tibet qu'on appelle le Cocochili, il se nomme le temple du Phénix et du Dragon. Ses hauts murs gris enserrent tout un décor de statues, d'icônes et de fanions rouges. Mais il ne figure sur aucune carte, comme si c'était une demeure au milieu des nuages.

Maître Li est vêtu de noir et a les épaules recouvertes d'une parka kaki de l'armée rouge. Sa tête est surmontée d'un calot noir, signe distinctif des moines taoïstes – très différents des lamas bouddhistes vêtus d'ocre ou de carmin. Après de courtes salutations, je m'adresse à lui. Mes mots sont traduits par Mickaël :

« C'est donc d'ici que serait parti Lao Tseu[1] pour quitter la civilisation, avant qu'on ne le revoie plus jamais ?

— Certainement pas, me répond maître Li avec un naturel déconcertant. Il n'aurait pas pu aller bien loin, car les ours bruns de l'Himalaya ou les léopards pullulaient à son époque par ici. Il se serait fait dévorer. Sans aucun doute. »

Pourtant, la légende populaire voudrait qu'il soit parti de « ce » monastère précisément. Et ce qui m'intéresse surtout est de comprendre comment quelqu'un, de plus considéré comme un des plus grands maîtres spirituels au monde, a pu décider de tout quitter pour se perdre dans les déserts. C'est tout de même un mystère !

C'est un peu ce que j'ai fait moi-même. Je pourrais vivre en Europe, avoir un travail, une vie plus conventionnelle, et ce n'est pourtant pas mon cas. Est-ce parce que j'aime l'absence de tout, qui, en fait, vous fait apprécier

1. Lao Tseu est considéré comme le fondateur du taoïsme au ve siècle av J.-C. Lao signifie « vieux » ou « ancien », et on le décrit souvent avec des cheveux et une barbe blanche, le lobe de ses oreilles qui tombe, ce qui est un signe de sagesse.

la moindre des choses ? Une plante perdue dans l'aridité, un insecte qui n'a rien à faire là... peuvent suffire à vous étonner. Mais de là à se fondre dans l'immensité, c'est quelque chose qui m'échappe.

« Mais c'est bien Lao Tseu qui a écrit le Tao[1] ? »

Maître Li répond calmement :

« Pas vraiment. Il l'a peut-être juste un peu enrichi[2]. »

En moins de cinq minutes, toutes mes certitudes d'Occidental se sont envolées. Il n'aura fallu que quelques mots pour que mon encyclopédie en dix volumes personnelle ne parte en fumée. Il y a ce qu'on vous a inculqué depuis votre plus jeune âge et il y a la réalité, fort différente.

J'ai toujours essayé de me remettre en question avant la traversée d'un nouveau désert. Car chaque désert est différent. Il faut en effet réapprendre patiemment une nouvelle façon d'évoluer dans un nouvel environnement. Je l'avais compris quand, après neuf mois à sillonner le Sahara seul en dromadaire, j'avais fait la cruelle expérience de découvrir son équivalent austral au Kalahari. Il m'avait fallu passer du « chèche[3] » au « string » en cuir d'antilope qu'on enfile sur la peau nue. Et échanger la galette de farine qu'on fait cuire sur

1. Ou *Tao te King*, *Le Livre de la voie de la vertu,* écrit sous la contrainte d'un garde-frontière nommé Lin Xi, avant que Lao Tseu ne s'enfonce dans le désert.

2. Le *Zhuangzi*, texte chinois fondateur du taoïsme avec le *Tao te King*, date de 369-288 av. J.-C. et ne considère pas que Lao Tseu est le fondateur du taoïsme.

3. Le chèche est cette pièce de tissu que les nomades du Sahara enroulent autour de leur visage.

trois braises contre des kilos de viande d'antilope qu'on a péniblement piégée.

Mais ici, en Asie, je sens que « ce » désert s'appréhendera surtout par le mental. En se débarrassant de tout ce qui pouvait apparaître familier ou occidental. Et c'est très déstabilisant.

Je regarde maître Li, dont le visage est illuminé par un sourire malicieux. Il n'est pas très grand et sa tête m'arrive aux épaules. Mais on sait tous depuis Bruce Lee et Jet Li que la taille ou les muscles ne changent rien à la vitalité et à la force brute d'un individu. Les shaolins ou les maîtres du kung-fu s'étaient d'ailleurs inspirés du Tao avant d'être des experts en art martial.

« *Xièxiè* », dis-je seulement en joignant mes mains sous le menton en signe de profond respect.

Merci de m'avoir fait prendre conscience que j'étais un parfait ignorant. J'ai beau avoir passé des nuits et des nuits en chien de fusil sur le sable des déserts, ailleurs, ici je suis encore un inculte, voire un sous-culturé à long nez. Non seulement avoir traversé les plus grands déserts de chaque continent sur des milliers de kilomètres n'apporte aucune légitimité, mais probablement que les 50 000 kilomètres parcourus seul, à pied, parmi les vents de sable et sous le soleil brûlant, sont même un handicap. Croyant tout connaître, j'ai tout compris de travers.

La seule lueur positive est la suivante : maître Li m'aurait-il même simplement adressé la parole s'il n'avait pas perçu quelque chose de spécial, en me voyant arriver de bon matin dans son temple ?

Mais bon Dieu qu'on s'y pèle en cette matinée de début mai...

Le quatrième pôle de civilisation

Moins d'une semaine plus tard, je suis à pied d'œuvre dans le désert du Taklamakan. Le plus immense des déserts de Gobi.

Il n'est pas avéré que Lao Tseu se soit engagé dans « ce » désert. À supposer qu'il ait vraiment existé. Et qu'il ne soit pas un personnage composite. Certains disent qu'il se serait dirigé vers l'est et la frontière mongole actuelle. Mais rien n'est moins sûr, car c'est aux pieds du monastère du Phénix et du Dragon que s'étend le Taklamakan.

Lorsqu'on descend du plateau du Tibet, il suffit de traverser la passe des monts Kunlun[1], habités encore en certaines saisons par les derniers chameaux sauvages, et on débouche sur les étendues plates du Gobi. Gobi est d'ailleurs un nom mongol qui signifie « cuvette ». En Mongolie, ces cuvettes sont recouvertes de steppes. Parfois, elles sont d'anciens lacs dont le fond est strié de yardangs[2], et font penser à ces jeux où une petite bille doit trouver son chemin dans un labyrinthe. D'autres peuvent aussi être remplies de dunes[3]. Mais contrairement à une idée reçue fréquente, « les » déserts de Gobi sont en Chine et non en Mongolie, qui ne comprend que les dernières bribes de dunes les plus septentrionales.

---

1. Les monts Kunlun font partie du Karakoram qui abrite le K2. C'est une chaîne qui prolonge l'Himalaya sur 3 000 kilomètres.
2. Les yardangs sont des falaises verticales de roche volcanique appelée « tuf ».
3. Les plus hautes dunes du monde se situent dans le Gobi de l'Alashan ; elles mesurent environ 530 mètres.

En sortant des monts Kunlun avec ses sommets enneigés – dont certains culminent à 7650 mètres –, le paysage apparaît de plus en plus plat. Sur ma gauche s'étend le Taklamakan. Taklamakan[1] en ouïghour désigne « le lieu des ruines ». Et, effectivement, des explorateurs puis des scientifiques ont trouvé sur ses franges des restes de vieilles cités d'une population indo-aryenne, appelée globalement les Tokhariens. Ces habitants d'oasis vivaient là depuis au moins le IIe millénaire av. J.-C. Et les momies qu'on y a découvertes montrent énormément de similitudes physiques avec les Européens de l'est. Une scientifique a par exemple constaté que les bandes de tissage de lin de leurs habits étaient identiques à celles qu'on trouvait en Hongrie. De même, on a trouvé des bottes en cuir de bœuf, ou même des chapeaux de feutre semblables à celui de Robin des Bois. Les scientifiques chinois de l'université de Shanghai ont fait des séquençages d'ADN sur certaines momies découvertes autour du désert, comme la fameuse « Beauté de Loulan » trouvée en 1980 et vieille de 3800 ans. Comme les résultats n'ont pas infirmé qu'il s'agissait d'ancêtres des Chinois d'ethnie han, ils n'ont jamais été publiés. Ce qui n'empêche cependant pas la venue d'un scientifique « ouvert » au Xingkiang dans la Chine actuelle, personne ne m'ayant jamais empêché de faire quoi que ce soit dans ce pays.

Toutefois, l'ancien peuplement de ceux qu'on appelle les Tokhariens est loin d'être uniforme[2]. Certains étaient

1. En arabo-persan, ce mot signifie tout simplement « désert », ou « lieu sans vie ».

2. On ne décompte pas moins d'une vingtaine de royaumes différents qui auraient persisté tout autour du Taklamakan et du Lop Nor, avec des spécificités très marquées.

bouddhistes, d'autres beaucoup plus influencés par les pratiques mongoles, avec des perches dressées en guise de nécropoles comme à Loulan. Certains sont devenus chrétiens nestoriens. Et pas très loin du Taklamakan, sur les premières pentes de ce qu'on appelle les monts Célestes[1], on vient de trouver des vestiges zoroastriens[2] datant de bien avant l'apparition du judaïsme et du christianisme.

Si l'on pose la question du lieu d'émergence des premières civilisations, tout le monde vantera la civilisation égyptienne ou mésopotamienne. À la limite, on se rappellera la civilisation du bas Indus. Mais bien peu de gens pensent à la civilisation du Taklamakan. Qu'importe, d'ailleurs, laquelle aura suivi l'autre chronologiquement, mais ce qu'on retiendra est que ces quatre pôles de civilisation étaient reliés et interconnectés.

Tous ces humains « longeaient » les déserts et ne les traversaient pas. Et cela a également été le cas de tous les explorateurs qui s'y sont succédé. Depuis Lao Tseu qui a probablement suivi sa piste caravanière monté sur son buffle, suivi des moines bouddhistes[3], pour finir avec les explorateurs modernes comme Ella Maillard ou Sven Hedin, en passant par Prjevalski, Marco Polo ou… Gengis Khan !

Or, j'ai toujours eu une sauvage curiosité de voir ce qu'il y avait « derrière l'horizon ». On peut suivre une

1. Il s'agit de la chaîne du Karakoram prolongeant l'Himalaya vers l'ouest, séparant le Pakistan, l'Afghanistan et l'Inde.

2. Le zoroastrisme était l'ancienne religion perse.

3. L'apparition du bouddhisme en Chine s'est faite du Ier au IIIe siècle par des moines venus du Pakistan, puis le long des bordures du Taklamakan.

piste. À pied, à cheval, à chameau. Ou plus communément sur des chariots tirés par des lignes de bœufs, comme cela a été le cas sur « les » routes de la soie.

Ou on peut tracer sa propre voie dans les déserts, les découvrir, tenter de les apprivoiser. Pour essayer de comprendre comment la vie peut s'y accrocher. Et certainement être le premier à parcourir des lieux magiques, qui, par leur simple évocation, ont toujours fait refluer les humains. Comme une mer qui ne se laisse pas pénétrer, se contentant de rejeter poissons morts et paquets d'algues sur le rivage.

Lao Tseu aurait dit : « Marcher bien, c'est marcher sans laisser de traces. » Mais il aurait aussi dit : « L'important n'est pas le but, mais le chemin. »

J'ai une autre raison d'essayer de franchir ces dunes. Personnellement, j'ai toujours pensé que non seulement les cultures locales avaient leur place dans le monde, mais qu'elles étaient, de plus, la clé d'un futur durable. Même si mon problème a toujours été de faire le grand écart entre l'autoroute et le chameau… ou autrement dit entre le monde dit moderne et ceux qui préservent jalousement les secrets de la vie sous les latitudes les plus hostiles.

D'après les historiens et géographes, la piste qui longeait le sud du Taklamakan est à présent ensevelie sous les dunes. Elle ne l'était pas il y a mille ou deux mille ans. Donc, si on doit trouver des restes de civilisation, ils seront dévoilés au milieu des dunes[1], ou bien irrémédiablement recouverts sous des tonnes de sable. Perdus. Et inconnus à jamais.

---

1. Comme à Yumuluk Kum ou à Xiaohe, le long du cours fossile de la Keriya.

Le départ

Pendant que je visitais le temple du Phénix et du Dragon, mon unique chameau était en train d'être chargé dans un autre désert[1]. Le temps pour moi de descendre du plateau du Tibet et l'animal devrait arriver simultanément au point de rendez-vous. La pauvre bête a voyagé dans la benne d'une Jeep Beijing chinoise. Et elle n'a pas pu se dégourdir les articulations, genoux repliés, depuis une trentaine d'heures.

Il est 3 heures du matin. Nous sommes aux abords de Ruoquian, une ville qui se situe à l'extrémité est du Taklamakan, dans le couloir de la dépression du Tarim qui sépare ce désert de la dépression du Lop Nor[2]. Mon point de départ est donc la bordure de cet ancien lac où commencent les premières dunes. Pour arriver, si tout va bien, 800 kilomètres plus loin vers l'ouest... près de Kachgar. Là où les dunes se terminent.

Chaque instant compte pour descendre l'animal le plus vite possible de la benne sur roues. Pour faire monter l'animal, je sais que les éleveurs mongols utilisent une armature compliquée de cylindres de métal qui s'emboîtent les uns dans les autres, consolidée par des boulons et des écrous. Un peu à la façon d'une balançoire pour enfants. Mais, au lieu d'un siège, ils fixent un

1. Le désert de l'Alashan est situé à près de 2000 kilomètres vers l'est, dans la province chinoise de Mongolie-Intérieure.

2. Le Tarim a formé des lacs qui se sont déplacés au fil du temps, comme constaté par l'explorateur Sven Hedin entre ses deux expéditions de 1899 et de 1927-1935.

palan susceptible de soulever un chameau qui pèse entre une demi-tonne et une tonne. Puis ils manœuvrent le plateau du véhicule sous l'animal… et remontent le tout, en arrimant solidement le quadrupède avec des cordes autour de chaque articulation repliée. Pour redescendre la bête, c'est plus facile : il suffit de placer le véhicule le cul contre une dunette. De rabattre le hayon. Et de laisser se débattre l'animal jusqu'à ce qu'il en sorte lui-même.

Pourquoi donc faire venir un chameau de si loin ? Il n'existe pas d'éleveurs nomades dans la dépression du Lop Nor. Même s'il y subsiste quelques milliers de chameaux sauvages. Qui ne sont d'ailleurs pas identiques aux chameaux d'élevage : leurs bosses sont plus petites et coniques, le museau est plus étroit. Et ils n'ont pas de callosités sur le poitrail et les genoux. Surtout, le chameau sauvage du Lop Nor[1] n'a pas le même ADN. C'est bien la raison pour laquelle on considère que c'est une espèce à part : le *Camelus ferus*. Différente du chameau domestique ou *Camelus bactrianus*.

Cette petite différence de génome de 1,9 % change tout. Et il n'y a aucun lien entre ces camélidés depuis 700 000 ans.

Certains – civils ou militaires[2] – considèrent aujourd'hui que l'existence d'un ADN préhistorique est un avantage pour lutter contre des virus ou des bactéries inconnus…

1. Un autre désert de Gobi borde la dépression du Lop Nor au sud ; c'est le Kumthag.

2. C'est le cas notamment de l'US Navy.

et ils ont envisagé d'utiliser le plasma de ces derniers animaux sauvages comme support à la guerre bactériologique. Ou au contraire dans la fabrication de vaccins. Malheureusement – ou heureusement – il n'existe que quelques milliers tout au plus de vrais chameaux sauvages *Camelus ferus*. J'en ai vu quelques-uns sur la bordure est du Lop Nor dans les yardangs. Puis nous en avons vu une dizaine lors de notre traversée du Kumthag, vers le sud, et également dans les monts Kunlun[1].

Dresser des chameaux sauvages est rigoureusement impossible. Je ne connais personne qui ait réussi ce challenge. Ces bêtes sont des survivantes pour avoir résisté aux explosions nucléaires chinoises du Lop Nor. Et elles ont surmonté le risque encore plus grand actuellement de boire aux rares points d'eau accessibles, potentiellement empoisonnés à l'anydride sulfurique par les chercheurs d'or clandestins chinois. Tout cela explique que leur nombre est de quelques milliers, au maximum cinq mille. Encore un animal de désert que j'aurai eu la chance de voir. Mais que j'aurai également la malchance de voir disparaître de mon vivant. Comme les antilopes addax ou oryx, que personne ne verra plus. À croire qu'aussitôt connues, les raretés de la Terre sont vouées à disparaître…

Restent les chameaux de Bactriane, dressés par les nomades. Je l'ai dit : il n'y a pas de nomades dans l'est du Taklamakan. Tout au plus quelques Ouïghours – des jardiniers d'oasis turcophones – en possèdent-ils l'un ou

1. Il existe un autre troupeau séparé sur la frontière sino-mongole au niveau du Great Gobi B.

l'autre troupeau près de Hotan[1]. Probablement jamais dressés, et à usage exclusif de boucherie. Il existe bien aussi quelques chameaux dans l'oasis de Dunhuang. Mais ils ne servent qu'à promener une armée de touristes chinois, tous armés de guêtres roses unisexe pour éviter que le sable n'entre dans leurs chaussures, sur l'unique dune de Mingsha, leurs autocars attendant patiemment en épi sur un immense parking. Et, en général, tous redescendent la dune de Mingsha (ou dune du Croissant de lune) en luge, en glissant sur un pneu gonflé. Impossible d'utiliser un chameau de ce type. Élevé en ferme, et qui serait probablement même incapable de brouter une herbe du désert qu'il ne connaîtrait assurément pas. Je ne parle même pas du propriétaire de la moitié des chameaux de Dunhuang, que j'avais rencontré il y a quelques mois. Un Han gros fumeur, qui avait opacifié l'air de ma chambre en quelques minutes avec sa fumée de cigarette. Probablement que ses animaux – que j'avais prospectés un temps – sont tout aussi addicts au tabac que leur maître…

Non. Le chameau qui attend tremblant dans la Jeep Beijing vient du désert de l'Alashan. Élevé de manière quasi sauvage par son propriétaire mongol. Bâ, un semi-nomade en surpoids mais étonnamment souple pour son embonpoint, dû à un alcoolisme chronique précoce – même si Bâ ne boit plus depuis des années – et probablement aussi à un dérèglement irrémédiable de sa thyroïde.

Bâ n'est pas avec nous. Ce sont son fils et son neveu qui se sont chargés du transport. Lui est resté dans ses

1. Au sud-ouest du Taklamakan.

chères dunes. C'est Bâ qui vit le plus en avant dans les plus hautes dunes du monde. Certaines dépassent les 500 mètres. Une monstruosité de sable que nous avons été les premiers – et les seuls ! – à traverser, ensemble, l'année précédente. Soit un quadrilatère de 400 kilomètres de côté parcouru de part en part en trois semaines, avec deux chameliers mongols et huit chameaux. Et bien sûr mon fidèle ami Mickaël.

Sans trop renâcler, le lourd chameau descend en marche arrière. Il paraît ballot. Et je crois que ce n'est pas un des huit qui ont participé à notre traversée de l'Alashan…

Mais je sais qu'il ne faut absolument pas mésestimer la vivacité des chameaux à deux bosses. Ils peuvent se mettre à détaler à toute vitesse pour une raison qui leur est propre. Et leur agilité sur les dunes est stupéfiante.

En observant la silhouette de mon chameau, je sens qu'il est relativement calme. C'est un choix attentionné de Bâ, parmi les deux mille chameaux qui lui appartiennent. Il sait pourtant que j'ai possédé une vingtaine de dromadaires pour mes expéditions précédentes dans d'autres déserts et que je ne suis pas un néophyte. Mais « tout le monde » sait aussi que si votre monture s'échappe ou s'écroule au milieu du désert, vous ne pourrez pas en réchapper. Car le dromadaire – ou le chameau dans une moindre mesure – est surtout là pour porter votre eau. Et sans eau, vous ne pourrez probablement pas faire plus de 100 kilomètres.

L'expédition était prévue depuis des mois. Nous sommes encore dans les premiers jours de mai. Je suis prêt au départ.

Au cœur des Gobi

Je m'étais imaginé trouver des cités perdues dans les sables. Mais les dunes ont probablement recouvert toute trace d'antique civilisation. Je n'ai fait que tracer mes empreintes dans le sable, vite effacées par le vent, comme un petit scarabée. Près de trois semaines plus tard, la situation est catastrophique : les dunes s'amoncellent toujours à perte de vue vers l'ouest. Il y a quelques jours, j'ai bien traversé ce qu'on appelle la « route pétrolière » qui coupe le désert du Taklamakan du sud au nord, mais aucune accalmie n'a eu lieu pour autant dans la mer de sable déchaînée. Le ruban noir d'asphalte désert slalome sans but entre les dunes. On se demande bien qui emprunte cet itinéraire qui semble se perdre dans le néant vers quelque derrick inconnu.

Les dunes du Taklamakan ne sont pas très hautes. Une trentaine de mètres au maximum. Rien à voir, donc, avec les dunes de l'Alashan, ou même les dunes du Kumthag[1] que j'ai déjà traversé. Là-bas, ce sont parfois des pentes à 60° et des amoncellements monstrueux ! Ici, c'est un lent moutonnement incessant, sans jamais voir de sol stable. C'est tout simplement le plus gros massif sableux d'Asie. Les seuls moments où le sable s'abaisse un peu, c'est pour laisser la place à une sorte de meringue croûteuse où on s'enfonce jusqu'à mi-mollet, homme comme animal. Ce sont les dépressions des différents cours d'eau qui s'engouffrent dans les dunes à la

1. Un autre grand Gobi qui s'appuie sur les monts Altin Dagh, au sud de la dépression du Lop Nor.

fonte des glaciers qui culminent tout autour du désert. On n'aperçoit pas les crêtes enneigées, car une sorte de vapeur de chaleur rend l'atmosphère bizarre, comme empêtrée de glue. L'altitude de la cuvette du Taklamakan n'arrange pas les choses, car on est couramment à 2000 mètres. C'est comme une immense machine à laver, avec des tempêtes de sable soudaines dont la poussière ne se repose jamais, atteignant une altitude de 4000 mètres, avec des écarts de température compris entre –50 °C et +50 °C.

Dès les premiers pas de cette fatidique nuit du départ, j'avais compris que mon chameau de compagnon était certes vaillant, mais ankylosé et surtout inquiet de découvrir un monde étranger et hostile. Il ne mangeait qu'avec une extrême suspicion les végétaux épars sur les dunes, et ne buvait quasi rien des flaques d'eau qu'on trouvait encore à la périphérie du désert. Peut-être aurait-il mieux valu avoir deux animaux, l'un copiant en général les réactions de l'autre. Ce que j'ai fait dans « tous » les déserts que j'ai traversés, à cheval ou à dromadaire. Mais mes finances sont à plat. Entre cet animal et son transfert, qui m'ont coûté quasiment 3000 euros, mes propres frais de venue et de matériel, plus les frais d'un preneur d'image que j'ai fait venir pour le départ… L'expédition m'est revenue à quasi 25000 ou 30000 euros. Pas de place pour un deuxième chameau. Aucune aide de personne.

J'ai un infini respect pour les peuples que je rencontre. À commencer par ceux qui m'enseignent comment survivre chez eux. Mais je n'ai pas ce même respect pour ceux qui se disent explorateurs – grâce à leur bourse – et maîtrisent à peine un autre environnement que le leur. Ou ceux qui voient les peuples rencontrés à travers le petit bout de la lorgnette avec un sentiment supranationaliste. Mais c'est une critique qu'on peut aussi adresser à un explorateur des temps modernes, à un ethnologue[1] ou à un voyageur qui confond découverte avec villégiature exotique…

En deux mots, mon expédition se fait avec les moyens du bord. Mais cela a toujours été le cas. Et c'est ainsi que j'ai traversé les plus grands déserts du monde : souvent avec la seule force de la volonté, armé du minimum de technicité et avec pour seul avantage le choix des meilleurs dromadaires ou chameaux.

Personne, à part ma famille proche ou ma femme, n'est au courant de mon exploration, d'autant que je n'ai pas d'autorisation formelle chinoise. Bien que les autorités me connaissent évidemment depuis la quinzaine d'années que je me suis attaqué à découvrir « des » déserts de Gobi. Cela revient à dire que je suis SEUL. Seul avec un chameau dans la plus grande cuvette de sable d'Asie. Car Mickaël m'avait quitté ventre à terre aussitôt mon chameau déchargé, l'aube à peine levée.

Ma situation n'est pas catastrophique, mais elle est très très préoccupante, sachant que ma survie dépend uniquement de mon animal de bât qui transporte mon eau. Si vous analysez les grandes débâcles de désert, en général quand les choses vont mal, toutes les montures

1. Et pourtant j'en suis un !

meurent en même temps. Que ce soit la rare fois où les Touareg ont attaqué les Maures jusqu'à l'Atlantique dans le Sahara, ou lors du tracé de la frontière par le colonel Mac Mahon entre l'Afghanistan, l'Iran et le Pakistan[1], ou encore lors de la débâcle de l'armée perse de Cambyse II entre les oasis égyptiennes de Bahariya et Siwa[2].

Ma bête marche, courageusement, le nez face au vent, plus souvent derrière moi tirée par sa longe. Rarement, je monte en selle, afin d'économiser ses forces dans le sable. Chaque soir, je desselle mon chameau. La selle n'étant pas une vraie selle, mais deux perches qui encadrent les deux bosses, isolées par des coussins de poils, qu'on resserre sur le devant avec une corde. De part et d'autre sont fixées deux outres en matière synthétique d'une capacité théorique de 70 litres chacune. Mais elles ne sont qu'à moitié pleines. Et de plus, elles fuient en suintant malgré les rustines à vélo que j'ai plaquées tant bien que mal de-ci de-là...

Après, il ne reste plus qu'à ramasser quelques racines de saxaoul[3] blanc ou noir, ou des rameaux d'armoise[4] pour faire un maigre feu, après avoir entravé les pattes avant du chameau. Je vois sa silhouette rassurante disparaître peu à peu avec la lumière du jour. Je fais alors frémir rapidement un peu d'eau et verse le tout dans un bol de soupe chinoise en carton. Parfois, j'y ajoute ces sortes de fanes d'oignon sauvage que j'ai ramassées en

1. Dans le désert du Séistan entre 1903-1905.
2. Cinquante mille morts, d'après Hérodote, en 522 av. J. C.
3. Haloxylon, ou arbuste résineux qu'on retrouve de la mer Caspienne au Xingkiang.
4. *Artemisia sinica* ou herbe de désert.

route. Puis j'avale une poignée de dattes chinoises, qui sont des jujubes ou des raisins secs trop sucrés de l'oasis de Turfan. Les Chinois sont spécialistes de ces produits avec beaucoup de poudres aromatiques pour donner du goût, mais aux piètres qualités alimentaires, qui nécessitent une foule d'emballages volumineux. Je brûle bien sûr le tout, comptant méthodiquement les rares ingrédients restants de ma besace et ne laissant aucune trace de mon passage. Dès que la nuit est tombée, un froid vif proche de zéro oblige à enfiler des chaussettes en laine dans les sandales. À l'allemande. Et à vite se glisser dans un sac de couchage, qui sert également de couvre-selle, et qui de ce fait sent furieusement la bête suante. Car, autrement, on serait directement assis à même le poil entre les deux bosses. J'ai d'ailleurs pu constater, depuis le début de l'expédition, que mon animal avait la bosse avant penchée vers la gauche, comme un mauvais présage. Et j'ai l'impression, sans en être sûr, que cette inclinaison s'accentue.

La situation devient chaotique. Je ne sais d'ailleurs quoi incriminer. La saison choisie ne pouvait être que le début ou la fin de l'été. Soit mai-juin, soit septembre-octobre. Car le Taklamakan (surnommé « la mer de la mort ») tue certainement plus par le froid que par la chaleur. Impossible pourtant en juillet-août à cause du sable brûlant qui calcine autant les pieds des humains que des quadrupèdes. Et tout aussi impossible au cœur de l'hiver…

J'appréhendais également les tempêtes du début d'automne. Car je sais que ce qu'on appelle un *black storm* du Gobi est redoutable, en ayant vécu un lors de la traversée précédente du Kumthag. Pour la décrire, imaginez un ciel qui reste bleu. Mais légèrement duveteux, frisant sur le métallique. Puis, sans signe avant-coureur, le quart nord de l'horizon devient subitement sombre. En regardant au ras du sol, au loin, vous pouvez commencer à discerner des volutes de poussière. C'est alors le moment. Vous fermez les yeux. Vous comptez jusqu'à dix. Vous rouvrez les yeux. Et en tendant la main devant vous, vous n'arrivez plus à compter vos doigts. S'ensuit en général une tempête de grêle, avec des vents compris entre 120 et 200 kilomètres/heure. Car rien n'arrête le souffle éolien depuis la Sibérie, au nord. De sorte que des cristaux de glace de la taille d'un noyau de cerise vous fouettent le visage et toutes les parties nues. Vous avez deux solutions : soit vous continuez à marcher (tout dépend dans quelle direction vous allez… mais en général vous avez un côté qui morfle gravement), soit vous baraquez votre chameau[1] et vous vous réfugiez derrière en attendant que ça passe. La plupart du temps, ça ne dure pas plus d'une heure. Mais cette heure-là vous paraît une semaine. Et, si vous êtes dans un endroit où une crue s'est formée, vous aurez – aussi – à échapper aux masses d'eau qui peuvent créer des inondations. Sans compter que souvent la poussière soulevée « au début » de la tempête peut tuer ou affoler les bêtes.

Inversement, ce qu'on appelle l'harmattan dans le Sahara est un vent soutenu, régulier, qui masque vos repères habituels. Ici, en Asie centrale, ce vent régulier

1. Baraquer un chameau ou un dromadaire signifie qu'on le couche sur ses quatre genoux recouverts de corne.

est moins courant car les déserts de Gobi sont situés dans des cuvettes un peu plus protégées d'un souffle que rien n'arrête d'un bord du continent à l'autre.

Mais, d'une manière ou d'une autre, si on veut espérer découvrir quelque chose, on doit endurer l'un comme l'autre comme un passage obligé. Car personne ne peut maîtriser un souffle éolien.

Je pensais donc naïvement que j'avais choisi la bonne période. Mais dès le quatrième jour, j'avais compris qu'il n'en était rien. Dans un autre désert, je n'aurais probablement pas eu ce souci. Mais ici, tous les lits des cours d'eau normalement à sec sont en crue à la fonte des neiges – et des glaciers – des monts Kunlun et du Karakoram, dès fin avril-mai. Ce sont donc des fleuves de plusieurs centaines de mètres de large qui coupent mon avancée régulièrement à angle droit. C'est d'abord la rivière Qarqan passant par l'oasis de Qemo qui a entravé ma marche. Puis la An Dlehre. Puis encore la Beilekule. Sans compter d'autres sans nom au cours éphémère. Toutes coulent comme le Rhin ou la Seine et s'engouffrent dans un voyage sans fin, pour mourir dieu sait où entre les dunes. Et fabriquer justement cette sorte de meringue croûtée lorsque tout liquide séchera.

À chaque fois, il faut faire des détours immenses, soit vers la droite, soit vers la gauche. Mon chameau rechignait à s'engager dans le courant jusqu'au poitrail, n'ayant jamais vu un tel phénomène dans le désert qui l'a vu naître. On appelle ces rivières à sec qui gonflent instantanément lors de crues des « oueds » au Sahara. Mais ici, elles sont annuelles du fait de la fonte des glaciers. Et l'eau charriée a façonné de manière aléatoire ce sol de meringue, par endroits semblable à du tuf volcanique, et cela, depuis des milliers d'années, du simple fait de la différence de température entre les sommets et les déserts quand l'été gagne.

C'était quelque chose que je n'avais pas anticipé. Et, comme toujours, quand un aléa survient, il est trop tard pour rebrousser chemin, ou tout simplement abandonner. Car vous mourrez sur place. On ne peut pas simplement lever la main et dire « j'arrête », en appelant un soigneur. Dans un désert, quel qu'il soit, il est possible de rebrousser chemin… mais au tout début. Une semaine plus tard, c'est déjà impossible et vous devrez affronter les déchaînements de la nature. Exactement comme un marin qui n'aura pas de répit avant d'atteindre le port suivant.

Depuis quelques jours, la peau de mon pied droit s'est décollée sur toute sa longueur. Des orteils au talon. Ce n'est pas une banale ampoule, mais quelque chose que je n'ai jamais eu… ni même vu chez personne. Et pourtant, j'ai la peau des pieds particulièrement dure, ayant parcouru les déserts en sandales la moitié de ma vie. En particulier le talon, fendu comme ceux des nomades.

J'ai bandé le tout le plus serré possible, la peau glissant sur la voûte plantaire comme de la gelée. Mais évidemment chaque pas est une souffrance. Dont on finit par s'accommoder. Ce n'est que le soir quand on met la plaie à vif, longue de 20 centimètres, à l'air dans le froid de la nuit, qu'on souffre vraiment, surtout en voyant le désastre.

Bien pire : ayant vu qu'il boitait aussi, je me suis baissé pour vérifier la sole des pattes avant de mon chameau.

Et j'ai vu que la corne qui recouvrait le dessous de ses pattes s'était limée à une vitesse stupéfiante. Une partie de sa chair apparaît déjà, de la taille d'une noisette. J'ai déjà eu ce problème dans le Sahara avec des dromadaires. Ça arrive en général quand ils se déplacent sur un sol qui ne leur est pas coutumier. Un dromadaire de sable s'usant la corne des pattes sur un reg caillouteux. Ou inversement. Mais à une telle vitesse, c'est probablement autre chose, de beaucoup plus anormal…

En rapprochant ma situation de celle de mon compagnon à quatre pattes, je comprends que c'est la texture du sol qui est probablement en cause. À cause des alluvions charriés depuis les monts Kunlun, qui sait quelles roches dures et granitiques particulièrement érosives et abrasives proviennent de ses sommets pour s'empiler au final sur des couches de sédiments, dont on dit qu'elles atteignent 3 000 mètres d'épaisseur ?

J'ai donc un douloureux choix à faire : ou je poursuis ma traversée vers la vallée de la Hotan, qui marque la fin du « grand » Taklamakan, ou je sors du désert au plus vite vers le sud-sud-ouest. Je sais que la plaie sous la patte du chameau ne fera que s'étendre, le faisant souffrir au point qu'il risque de se coucher irrémédiablement pour ne plus se relever. Par contre, si on le laisse quelques mois dans un pâturage adéquat, sa corne se reformera.

En un éclair, je revois le visage du moine taoïste, maître Li, dans son monastère du Tibet. Ce n'était qu'il y a un mois… Toute cette certitude qui m'habitait avant notre rencontre dans son monastère, et tous les doutes qui en ont résulté. Mais au final, tout s'éclaire, car personne ne peut évidemment prévoir comment se déroulera une exploration. Bien présomptueux serait celui qui pourrait prédire – justement – ce qu'il ne connaît pas, et que d'ailleurs nul ne connaît. Ceci est d'ailleurs l'essence même de l'exploration : découvrir et faire face à quelque chose qu'on n'appréhendait pas.

Pour généraliser, on peut avoir ce même doute pour tout. Car notre monde social est un canevas d'idées préconçues. Alors que d'autres sociétés de la planète vivent à l'opposé de nos propres valeurs.

J'ai toujours voulu être une sorte de caméléon capable d'absorber les cultures rencontrées : j'étais un « nomade blanc » dans le Sahara, maniant mes dromadaires comme si j'y étais né. Puis j'ai vécu avec les Bushmen, quasi nu, de cueillette et de chasse, apprenant les secrets de la brousse et surtout le comportement des animaux sauvages. Pareil chez les Indiens pimas, apaches ou o'otams qui m'ont expliqué leurs déserts amérindiens. Ou encore dans les déserts d'Iran ou d'Afghanistan ou chez les aborigènes d'Australie. Qu'importe : à un moment donné, il faut admettre qu'on ne connaît finalement rien. Et que notre société n'est qu'un mince vernis civilisationnel. On ajoutera que si vous n'avez pas intégré les leçons de vie des locaux dans leurs déserts respectifs, vous aurez de grandes chances d'y mourir lorsque vous y serez seul après coup.

En allant encore plus loin, je saisis la présomption qu'il y a à vouloir traverser « à tout prix » un autre désert que je ne connaissais pas vraiment, qui ne serait qu'un trophée de plus ou une perle à enfiler sur un collier. Avec inévitablement, au fil du temps, la sensation que toutes ces perles superposées se ressemblent toutes. Car elles font indubitablement vite partie du passé. Alors que le principe du Tao originel est de vivre l'instant.

Éveillé. Émerveillé, dans la mesure du possible en harmonie avec les plantes, les animaux… et même avec les déserts. Comme un simple scarabée ou un scorpion qui monte inlassablement les dunes sans se soucier de rien.

Ma décision a donc été de « ne pas » faire mourir mon chameau. Rien au monde ne le justifiait, même si j'étais personnellement très tenté de poursuivre. Un incident grave peut toujours survenir loin de tout, où homme et chameau sont obligés de regagner ensemble la civilisation, ou du moins un puits. Là, chacun doit compter sur ses propres forces (évidemment, le camélidé est naturellement avantagé). Par contre, s'engager vers l'inconnu avec un animal déjà blessé… alors qu'on peut encore *a priori* se glisser hors du désert, c'est autre chose : c'est suicidaire pour les deux parties.

Après tout, personne n'a jamais parcouru 500 des 800 kilomètres du Taklamakan. À plus forte raison, seul. Et cela, bien sûr, après avoir mené des expéditions de part en part dans les trois autres plus grands et plus sauvages des déserts de Gobi, à savoir l'Alashan, le Kumthag et le Tsaidam. Ne resteront que les autres « petits » déserts de Gobi, le Tengri, le long du fleuve Jaune, que vous pourriez traverser à pied en trois jours… et le bassin de Dzoungarie, tout au nord, coincé entre la Chine, le Kazakstan et la Mongolie. Et qui n'est plus un désert depuis l'activité pétrolière des années 1950.

Encore me faut-il maintenant rejoindre, pas à pas et avec d'infinies précautions, la sortie du désert, du côté de Hotan, sans mourir au coin d'une dune comme un animal.

Résolutions

Cette traversée se déroulait un an avant la grande pandémie de Covid-19. L'année de la réélection du président chinois Xi Jinping. Celle où j'ai eu mes soixante ans. Je ne sais pas, au final, ce qui m'a poussé à traverser cet ultime grand désert de Gobi. Peut-être un sentiment de complétude : vouloir terminer l'exploration de ces déserts centrasiatiques. Mais pourquoi ? Et pour qui ? Ou peut-être voulais-je me prouver à moi-même que c'était encore possible, bien que, physiquement, je ne sente aucun problème dû à l'âge ?

Plus prosaïquement, j'ai réussi à m'extraire du piège des dunes du Taklamakan avec mon chameau blessé, la plaie sous la sole de sa patte ayant atteint la taille d'une balle de tennis. Je ne suis pas sûr que quelqu'un puisse imaginer la souffrance de chaque pas pour un animal. Sauf peut-être moi-même qui subis la même chose.

Ce n'est pas un garde-frontière à la sortie de l'empire de Chine que j'ai trouvé, comme Lao Tseu. Mais un policier ouïghour vêtu de bleu et aux cheveux réglementaires un peu trop longs d'un des innombrables check-points placés sur la route G-315, aujourd'hui la nouvelle « route de la soie », bordant le sud du Taklamakan jusqu'à Kachgar. Il existe à présent de tels postes de contrôle avec scanner et contrôle d'identité tous les 50 kilomètres.

C'est toujours la même chose lorsqu'on sort d'un désert : on a gagné en animalité, et on craint de devoir rencontrer à nouveau la société des hommes. Surtout si les humains sont des policiers – même s'ils sont ouïghours – qui vous demandent un laissez-passer que vous n'avez pas. Dans les dunes, vous ne risquez rien, car personne ne vous y cherchera ni ne sera même capable de vous y trouver. Par contre, la sortie se passe rarement bien.

Le check-point que j'ai visé est un complexe de béton ressemblant à un hangar à camions. Il se situe près de Hotan, où passe la rivière Yurungkax[1], gonflée par la fonte des cimes enneigées de la chaîne de Karakoram. Imaginez un policier ouïghour dans sa guérite voyant apparaître du tréfonds du désert un Blanc en guenilles et boitant, escorté d'un chameau boitant tout autant. Je me rappelle très bien son visage aux yeux légèrement en amande arrondis de surprise. Mais il a très vite compris que je lui donnais mon chameau. Contre la promesse impérative de ne pas le livrer à un boucher. Et il me l'a juré, renouant peut-être avec ses origines nomades turcophones. Du même coup, mes formalités de sortie du désert se sont réduites au minimum. C'est-à-dire que j'ai pris deux baluchons, les ai jetés sur mon épaule et j'ai rejoint en claudiquant un relais routier voisin en quête d'un véhicule qui me déposerait plus loin.

De Hotan, j'ai sauté en pleine nuit dans un bus vers Aksu. À l'aube, j'ai laissé défiler les feuilles vert pâle des peupliers de l'Euphrate qui émaillent de plus en plus les dunes, indiquant la fin proche du désert. Puis d'Aksu, j'ai filé en train sur Kachgar. De Kachgar, en un saut de puce, on arrive vers Urumqi. Et d'Urumqi à Manille

1. La rivière Hotan qui traverse tout le Taklamakan du sud au nord est un passage naturel.

en avion… où je suis comme à la maison, connaissant chaque ruelle du quartier d'Ermita. Prêt peut-être – ou pas – à terminer un autre jour les 300 kilomètres qui me manquent dans la partie ouest du Taklamakan.

Mais si vous regardez sur Google Earth aujourd'hui, vous verrez qu'une nouvelle route a été construite entre la rivière Hotan et Shache, sur ces fameux 300 kilomètres restants, apportant immanquablement de nouveaux peuplements, et probablement de nouvelles irrigations au niveau des dunes. Le désert se fait grignoter par le lent labeur des cultivateurs ouïghours, capables de faire émerger de la vie végétale à partir de grains de quartz pourvu qu'il existe un peu d'eau à proximité, laborieusement canalisée.

Inutile de s'en plaindre. Car qui connaît un peu l'histoire des déserts saura que ce seront toujours eux qui vaincront l'homme et non le contraire. Vous pouvez tenter de les abîmer en y creusant des mines, en y installant des villes, même. Comme Le Caire ou Las Vegas. Le jour où il n'y aura plus d'eau, ou lorsque les cours des lacs ou des rivières auront dévié… tout redeviendra poussière. Et l'histoire des royaumes mystérieux disparus qui jalonnaient les pourtours des Gobi en est une preuve de plus.

À mon retour, j'ai pris plusieurs dispositions : j'ai renoncé à tout enseignement universitaire comme « prof », même si cette occupation ne me prenait que trois mois par an, le reste étant destiné aux déserts et à l'Afrique. Car à quoi bon enseigner quelque chose qui soit n'intéressera personne, soit ne servira à rien. Dans un monde devenu reclus sur lui-même, sans intérêt sur les autres cultures ou sur d'autres espaces. Ou, pour le moins, celui qui s'intéresse à autre chose ne trouvera pas ses réponses dans une université. Croira-t-il les trouver qu'il n'en sera que plus borné et plus étroit. C'est en tout cas mon constat abrupt du monde universitaire. Car d'une manière ou d'une autre, on se réalise dans la vraie vie et pas sur les bancs de la fac. J'irai jusqu'à dire qu'il vaudrait mieux oublier le plus vite possible tout ce qu'on vous y aura appris dès votre diplôme en poche.

Pour ma part, je ne cherche qu'à comprendre ce que je ne connais pas encore. Mais bizarrement, plus j'engrange de nouvelles connaissances sur les déserts et moins j'ai l'impression de les connaître. Un peu comme un but fuyant qui ne chercherait qu'à m'échapper. Nappé dans un brouillard de poussière.

Les grands déserts, quels sont-ils ? Et pourquoi sont-ils là ?

Un climatologue ou un géographe vous dira que ce sont des endroits où il ne pleut pas. Où personne ne vit. Où, comme le disait Marco Polo du Taklamakan, qu'il a lui-même longé, « il n'y a ni plante, ni oiseau, ni même le moindre animal… ».

C'est faux. Aucun endroit du monde ne correspond à cette description. Il y a des endroits où il pleut très rarement. Peut-être tous les vingt-cinq ans. Mais il *peut* y pleuvoir. Même dans les déserts les plus arides de la planète, on trouvera l'une ou l'autre plante. Et si on n'en voit pas, en ramassant une poignée de sable, on peut y détecter des spores de végétaux qui n'attendent qu'un peu d'humidité pour reverdir. C'est le mystère révélé tout simplement des déserts qui fleurissent après une pluie. Il n'existe pas non plus de zone aride qui n'ait été peuplée par l'homme par le passé. Certes, ce n'était parfois pas le même climat. Mais c'était le même lieu. C'est le cas du Sahara, et de pratiquement tous les déserts, y compris ceux qu'on estimait abiotiques il y a quelques décennies, où on a, finalement, retrouvé des traces d'occupation humaine récemment. Comme dans le désert d'Atacama au Chili, le désert de Namib en Namibie, ou le désert du Lut en Iran, pour ne citer qu'eux.

Pour trouver un vrai désert abiotique, il faut s'orienter vers les exoplanètes de l'univers. Et encore, même là-bas, on n'est pas vraiment sûr que la vie ne pourrait pas se recréer. Du moins chimiquement.

C'est ce que j'expliquais dans mes cours de l'ISU (International Space University) à mes étudiants lorsque j'enseignais encore. On pourrait calquer les techniques de survie des nomades pour évoluer sur d'autres planètes… finalement pas si différentes. Par exemple, la température sur Mars est en gros comprise entre –55 °C et 35 °C hors pôles. Soit la température des Gobi. Et les vents de sable soufflent à 140 kilomètres/heure. Tout cela nous paraît très « terrestre » !

Inversement, un spationaute ayant gravité en apesanteur pourrait atterrir sur terre dans un désert non contrôlé politiquement, comme le Registan en Afghanistan ou le Lop Nor, et il serait totalement démuni. Serait-il capable de tenir plus de quarante-huit ou soixante-douze heures sans connaître les techniques élémentaires de survie édictées par la Nasa ? J'ai déjà découvert une capsule spatiale chinoise dans le Gobi. Elle est très étroite et démunie de tout. De même que les capsules Soyouz sans aucune technologie susceptible d'aider un naufragé de l'espace perdu dans un désert terrestre, de plus sans formation spécifique. Il était même question un temps que je travaille avec la Nasa sur des protocoles de survie pour des cas de ce type. La méconnaissance d'un environnement désertique terrestre pour n'importe qui – même soumis à une technologie très avancée – est en général totale.

Si un enseignement global devait en ressortir, c'est avant tout de prendre soin de « notre » planète. Avec humilité, éthique, respect et écologie. Avant d'aller explorer d'autres univers, arrêtons de massacrer notre propre territoire en polluant l'air, l'eau et les terres pour des générations. Évidemment, on en retire un regard très critique envers nos gouvernants… que nous/vous élisons/ez. À croire que l'homme est définitivement un animal égoïste et fruste.

Reposons alors nos questions : ces déserts de la Terre, où sont-ils ? Et pourquoi sont-ils là ? Il y a deux ceintures de désert autour de la Terre. Pour faire simple, c'est tout ce qui est jaune sur les globes terrestres d'écoliers. Et ces deux ceintures sont situées sous les tropiques. Parce qu'il fait plus chaud sous les tropiques que n'importe où ailleurs, même sous l'équateur.

Les déserts avancent-ils ? Non. Ou alors tellement lentement que cela se joue sur des dizaines de milliers d'années. Ce sont des cycles naturels de désertification et d'humidité qui sont loin d'être observables à l'échelle d'une vie humaine.

Ces déserts, quels sont-ils ? On pourrait les énumérer longuement en les suivant sur une carte le long des tropiques du Cancer et du Capricorne. Avec évidemment des imperfections et des nuances, car qui peut dire exactement où commence et où finit un désert ? Et pour tout un chacun, ce serait une longue litanie. Le désert est souvent une abomination pour celui qui n'y vit pas et qui le désignera, donc, comme désert. Pour moi, c'est une sorte de calendrier qui accompagne les étapes de ma vie. Un peu comme les marques au crayon sur une porte d'un enfant qui grandit. Puisque j'ai passé de longs mois et parfois des années à les parcourir. Non pas tous forcément, mais du moins les plus grands de chaque continent. Le Sahara d'est en ouest seul à dromadaire durant neuf mois. Le Kalahari... les déserts d'Orient et des Gobi. Respectivement à dromadaire puis à chameau. Les déserts d'Amérique à cheval, etc.

Ne restent en fait que « les petits ». Ceux qu'on commence le matin et qu'on termine le lendemain soir. Comme le Namib ou l'Atacama. Ou les deux grosses zones que sont le Rub al-Khali, longtemps inaccessible du fait de la politique en Arabie saoudite et actuellement du fait de la guerre au Yémen. Ou encore les déserts d'Australie, très atténués, qui ressemblent plus à une brousse sèche. Même si, bien sûr, je suis allé de nombreuses fois dans ces diverses zones.

Au final, que penser ? Car je me rends bien compte que peu de choses me différencieraient d'un hamster qui tourne dans sa roue inlassablement. J'ai volontairement arrêté les longues expéditions dangereuses, lorsque mon éditeur m'a posé cette question :

« Est-ce qu'on est seulement sûr qu'il va t'arriver quelque chose ? »

En départ pour l'Iran, l'Afghanistan et le Pakistan, clandestinement, seul dans les déserts… et venant d'être condamné à quatorze ans de prison – dont trois mois effectifs – pour avoir franchi illégalement la frontière indo-pakistanaise, j'ai hoché la tête :

« Mais Bernard, je suis SÛR qu'il va m'arriver quelque chose ! »

C'est là que je me suis dit que ça n'allait pas. Et que j'étais en train d'endosser un rôle qui ne m'incombait pas. Ayant par ailleurs beaucoup de chance d'être encore en vie…

Je ne suis pas un mercenaire ou un gladiateur qui, de plus, va au-devant des problèmes. Je suis un chercheur qui « cherche », en particulier ce qu'on ne connaît pas. Car même si vous pouvez envoyer des sondes sur la Lune, sur Mars ou sur un astéroïde comme Rosetta, les déserts du monde occupent un septième des terres émergées. Si vous y ajoutez les pôles, l'Arctique sibérien et canadien et le Tibet[1], ce serait la moitié de la Terre qu'on connaît peu ou mal.

1. Qui sont *stricto sensu* des déserts car il y a peu de vie végétale, animale et humaine et qu'il y pleut peu.

Épilogue

Je suis rentré à nouveau il y a quelques jours seulement de Chine. Je n'y étais pas pour remarcher sur mes pas au Taklamakan. Mais pour visiter Bâ et mes amis mongols, du désert de l'Alashan. Et pour – une fois de plus – retrouver un peu de pureté au Tibet. Jusque sous l'Everest au monastère bouddhiste de Rampui (bien que n'étant pas bouddhiste).

Mais, juste avant de rentrer, mes pas m'ont mené vers un tout petit monastère taoïste dans la modeste ville de Wuweï au Gansu, où Marco Polo avait d'ailleurs séjourné deux années. Dans les montagnes environnantes, on trouve encore des descendants de Huns. Et en creusant aux alentours, des archéologues chinois ont retrouvé des restes de légions romaines et grecques qui s'étaient perdues jusque-là.

Le monastère ne paie pas de mine. Il est enchâssé entre de hauts immeubles, et la couleur rouge de son portail est toute délavée. Un vieux moine taoïste se lève à ma venue. Ses yeux sont laiteux, ce qui dénote une cataracte. Et il branche face à moi un mauvais appareil auditif, me demandant par là même s'il peut faire quelque chose pour moi.

« Non, rien », lui dis-je par gestes.

J'étais simplement venu brûler un peu d'encens, dont on brûle les bâtonnets deux par deux, devant une représentation taoïste. C'était juste pour le calme et l'odeur. Personne ne me regarde, mais je me courbe par deux fois, le front touchant mes genoux. Je vais sortir lorsqu'une nonne taoïste vêtue de noir – comme les hommes – vient à ma rencontre. Je ne savais même pas qu'il existait des femmes moines chez les taoïstes. Elle n'est pas très grande. Entre deux âges. Mais elle irradie d'une curieuse énergie. Sans rien dire, elle tient à m'offrir un pendentif-amulette qu'on appelle un *hongfu*. C'est une petite médaille en laiton. Sur une face, le motif rappelle un peu un labyrinthe. Sur l'autre face, c'est un dragon, car c'est l'année chinoise du Dragon. Je fais mine de la dédommager. Car après tout, j'aime bien cette image de *hongfu*[1].

Entre la toute première fois où j'ai parcouru une petite partie de mon premier désert de Gobi (l'Alashan), quinze ans plus tôt, et aujourd'hui, j'aurai au moins la satisfaction d'être un peu moins inculte et, disons-le, moins idiot. La nonne arrête mon geste, faisant signe de ne rien vouloir accepter. Peut-être m'a-t-elle vu m'incliner très profondément. Ou pas. Et je ne sais même pas si ce piteux monastère a simplement déjà reçu la visite d'un étranger. Quant à un Blanc qui se prosterne, n'y pensons même pas… « Non, non, c'est pour toi », me fait-elle par mimiques.

Je suis très touché. Car je me demande si quelqu'un a déjà eu un geste de ce type récemment envers moi. Ou même moins récemment. Et, sur le moment, personne ne me vient à l'esprit.

La Chinoise – qui doit avoir une quarantaine d'années – me regarde bizarrement dans les yeux et me propose de me prédire mon avenir. Je sais déjà que c'est l'année du Dragon. Je suis né l'année du Chien. Et globalement, ça ne fait pas très bon ménage.

---

1. Hongfu est par ailleurs une mythique héroïne spécialiste des arts martiaux à l'origine de la dynastie Tang (618-907 ap. J.-C.).

Je la remercie d'un signe de tête. Mais sans répondre, je glisse vers la sortie, enjambant le chambranle de la porte comme il se doit.

À quoi sert-il de vivre… si ce n'est pour découvrir de quoi demain sera fait ?

Au cœur de la forêt avec les chimpanzés

Sabrina Krief

Explorer les forêts tropicales, ces « jungles[1] » exotiques, humides, drapées de lianes où évoluent animaux sauvages, esprits sylvestres et fantastiques, peut sembler un dangereux défi pour une scientifique. Mais, loin de me sentir étrangère et en danger dans la forêt tropicale, je m'y sens libre et réceptive à de nouvelles découvertes, les sens en alerte. Bien que je l'arpente depuis près de trente ans en tant que vétérinaire et chercheuse en écologie, je sais pourtant que je n'y suis pas chez moi mais chez eux : galagos, céphalophes, hylochères, cercopithèques, touracos, pangolins, melipones, chats dorés, servals, éléphants et chimpanzés... Chez ces autres animaux, aux noms et aux formes étranges

1. Le terme « jungle » n'a pas de sens scientifique : issu du sanscrit, il désigne des espaces de nature sauvage, non cultivés, sans empreinte des humains mais pouvant être aussi bien des déserts que des forêts. Depuis *Le Livre de la jungle* de R. Kipling, la jungle pour les Occidentaux caractérise généralement une forêt luxuriante et dense, et par extension la forêt tropicale. Elle est souvent connotée négativement puisque dans ce chaos de lianes enchevêtrées pullulant d'insectes et de microbes vivent des animaux selon un code de survie qui valorise la force et la brutalité, la fameuse « loi de la jungle ».

qui habitent les arbres cathédrales ou les fouillis épineux d'acanthus, des marécages à papyrus ou des galeries souterraines. Je reste prudente et attentive. J'essaie de me fondre dans cet environnement souvent sombre, sonore, vibrant, de m'en imprégner pour mieux en restituer les connaissances acquises à leur contact. Puis, lorsque je suis de retour en France, dans mon bureau du Muséum national d'histoire naturelle, j'analyse mes données, bien sûr, mais je cherche aussi comment agir pour prévenir ce qui pourrait nuire à cet univers fascinant. J'ai appris tout ce que je sais de ces « jungles » grâce à des guides inattendus mais non moins exceptionnels. Mes jumelles et l'appareil photo de mon mari, Jean-Michel, nous ont permis d'en pénétrer l'intimité, de les documenter, de saisir des regards cachés derrière des feuillages. Cette forêt est le laboratoire à ciel ouvert de mes travaux de recherche.

Mes guides vers la connaissance sont des chimpanzés.

J'ai découvert six d'entre eux, en 1997, au Congo, et depuis 1999, je côtoie assidûment les chimpanzés sauvages de la forêt de Kibale, en Ouganda. Ce chapitre ne parle pas de l'exploration des forêts aux quatre coins de notre planète mais des recherches exploratoires, parfois empiriques, que je mène sur l'incroyable complexité des interactions entre les vivants, animaux, végétaux et microbiens, au cœur d'une petite partie de la forêt ougandaise. Les chimpanzés m'ont permis de mettre en résonance de façon rigoureuse les bribes perçues de cet univers multiple, foisonnant et encore tellement mystérieux et les questions scientifiques que cet écosystème soulève.

2022. Ce matin, l'air est épais, laiteux. Il fait frais et je relève le col de ma veste. Je suis assise depuis près de deux heures au pied d'un arbre, au cœur de la forêt, quelque part en Ouganda, à 1600 mètres d'altitude, pas très loin de l'équateur. Après un petit déjeuner rapide vers 5 heures et quarante-cinq minutes de marche à la lueur de ma lampe frontale, bottes en caoutchouc aux pieds, j'ai déplié un petit carré de tissu, placé mon sac à dos à côté et me suis allongée dans la nuit, blottie entre une grosse racine contrefort haute d'un mètre et un crottin d'éléphant où s'épanouissent des chapeaux de champignons. Vigilante, pas question de m'assoupir jusqu'au lever du soleil. Vers 6 h 45 en général, avec les premières lueurs du jour, nous commençons activement nos travaux. Mais désormais, le temps s'étire. Après le coassement tonitruant des colobes guérézas et l'intense cacophonie des insectes et des oiseaux qui s'éveillent, le sous-bois semble s'être apaisé, reparti dans une douce somnolence dans la fraîcheur de l'aube. Le soleil perce timidement à travers le feuillage. Il ne réchauffe pas le sous-bois mais dessine de magnifiques arabesques sur les troncs et la mousse au sol, et dissipe la brume. Ne pas se laisser distraire et ne pas lâcher du regard la masse sombre et épaisse faite de branchages et de feuillages, qui se trouve à 7 mètres au-dessus du sol et face à moi. De temps en temps, je sens des effluves âcres et fruités d'urine et d'excréments qui me confirment que nous sommes au bon endroit. Je ne pourrais confondre cette odeur avec aucune autre. Il y a une heure, j'ai vu une forme brune apparaître quelques secondes, avant de replonger dans l'amas de feuilles. Je n'ai pas quitté des yeux le gros nid mais je commence à m'interroger. Suis-je vraiment certaine de ce que j'ai vu ?

Peut-être, à force de l'imaginer, ai-je eu une hallucination ? À cette heure, d'habitude, nous sommes en plein pistage. Pourquoi ce matin est-il différent ?

Il est presque 10 heures, et alors que nous envisageons une grave maladie ou une blessure terrible, enfin, le tronc vacille, les branches bruissent et des feuilles s'échappe un soupir. Une silhouette, un peu hirsute, s'assied, puis se penche au-dessus de sa couche et descend le long du tronc. Alors que j'essaie de déterminer l'identité de celui ou celle qui m'a contrainte à rester immobile et silencieuse si longtemps et de voir des signes de blessure ou de maladie, je m'esclaffe ! Je ne peux retenir ma surprise et ma joie... sur le ventre noir de Gina, car c'est bien elle, se détache une tache rose. Je tente de la cadrer dans mes jumelles : c'est le petit visage fripé d'un bébé chimpanzé. Gina est une femelle d'une vingtaine d'années qui a rejoint il y a quatre ans la communauté de chimpanzés que nous étudions depuis 2008, à Sebitoli, au nord du parc national de Kibale. Hier soir, il faisait trop sombre lorsqu'elle a construit méticuleusement l'épais matelas circulaire qui lui sert de couchage – et que nous appelons « nid » – pour que nous puissions l'identifier. Dans l'après-midi nous suivions huit chimpanzés et peu avant la tombée de la nuit, nous avons perdu la trace des sept autres, restant seuls avec une ombre. C'est le système social typique des chimpanzés qui veut ça : la composition des groupes au sein de la communauté est labile. Ils se font et se défont en fonction des envies de chacun, des fruits qui les attirent, des affinités. On dit qu'il est de type « fission-fusion ». Vers 19 heures hier soir, cette silhouette est montée dans un Diospyros abyssinica, *un arbre de la famille des Ébénacées. Elle s'est assise dans une fourche de l'arbre puis elle a plié des branches, se construisant méticuleusement et longuement une plateforme confortable pour y passer la nuit et, nous l'ignorions… donner naissance. Je suis émue de me dire que nous allons partager cette première journée du bébé de Gina.*

Les chimpanzés, mes guides sur les chemins de la découverte scientifique des forêts tropicales

La naissance d'un chimpanzé au cœur de l'Afrique équatoriale est sûrement pour la quasi-totalité des humains une information anodine voire une non-information. Pour nous, c'est une formidable nouvelle. Alors que tous les voyants sont au rouge pour l'espèce et pour son habitat, la forêt tropicale, chaque nouveau chimpanzé qui arrive sur cette planète a un air de victoire. Classés « en danger » par l'Union internationale pour la conservation de la nature, les chimpanzés ont perdu près des trois quarts de leur population au cours des cinquante dernières années. Leur lien aux forêts tropicales est fort. Ce sont des espèces clé de voûte (leur présence est indispensable à la dispersion des graines de certaines espèces végétales dont ils ingèrent les fruits et les graines et donc à la régénération de l'écosystème) et parapluie (avec leur large territoire et leur durée de vie longue, garantir leur survie permet de protéger un grand nombre d'espèces, moins charismatiques, avec lesquelles ils partagent leur habitat). Tout nouvel individu qui contribue à maintenir ou accroître la population de chimpanzés est donc un bon signe pour les forêts tropicales et pour leur biodiversité. L'arrivée d'un nouveau-né chimpanzé nous met aussi face à des défis colossaux, à nos obligations éthiques. Réduire les menaces pour freiner la mortalité est une urgence, pour cette population comme pour l'espèce en général.

Nous avons mis quinze ans à pénétrer l'intimité des chimpanzés. Nous n'avons jamais utilisé d'appât, d'aliments, de subterfuges pour les approcher. Nous nous sommes présentés à eux tels que nous sommes aujourd'hui, humains en bottes en caoutchouc, portant des sacs à dos et des jumelles, équipés de crayons et de carnets, jusqu'à ce qu'ils oublient leur peur viscérale des chasseurs et plus généralement des *Homo sapiens*. Jusqu'à ce qu'ils nous acceptent, scientifiques et observateurs discrets, qui s'attachent à ne pas interférer dans leurs activités et leur vie au quotidien. Une centaine de chimpanzés vivant dans 25 kilomètres carrés de forêt ont donc donné leur confiance à un petit groupe d'humains. Il nous faut nous assurer que le reste de l'humanité ne nous donnera pas tort. Nous nous devons également de valoriser au mieux cette relation exceptionnelle qui nous permet de découvrir comment nos plus proches parents vivent en société, communiquent, comment ils utilisent les substances naturelles de leur environnement pour se soigner, comment ils apprennent à se servir d'outils et à les fabriquer, comment ils choisissent les matériaux pour leurs outils ou pour leur couchage. Pénétrer au cœur de leur habitat et de leur société n'est pas anodin.

Il nous faut rester neutres pour ne pas influer sur leur comportement et leur régime alimentaire mais aussi, parfois réparer et prévenir les effets négatifs que les chasseurs – qui sont en Ouganda des braconniers puisque la chasse y est illégale – distillent insidieusement dans la forêt.

Formée à l'école nationale vétérinaire d'Alfort, puis dotée d'une thèse et d'un post-doc en chimie des substances naturelles, je place au centre de mes préoccupations scientifiques la santé animale, humaine et environnementale. Mais aujourd'hui, je m'interroge plutôt sur la façon dont les non-humains gèrent leur santé sans les vétérinaires. En plus du savoir acquis auprès de mes congénères, j'ai la conviction que les non-humains peuvent non seulement enrichir mes connaissances par leurs propres pratiques, mais également nous inspirer, par exemple pour les soins à prodiguer à notre propre espèce. À l'inverse des animaux domestiques, façonnés par nous par une sélection drastique de leurs traits comportementaux et physiques, et pour nous (notre alimentation, nos loisirs, notre protection...), les animaux sauvages font sans nous. Comment ? Et si, en les étudiant, nous pouvions ouvrir de nouvelles pistes inspirées de leurs savoirs ? Et d'ailleurs, si à l'inverse de ce que pensent la plupart des humains, les connaissances des animaux étaient apprises et non instinctives et innées ? C'est la principale question de recherche qui m'anime depuis ma première rencontre avec les chimpanzés au Congo.

Les ressources médicinales des forêts tropicales

Étudier les animaux pour comprendre comment ils se soignent peut paraître insolite et fastidieux. Pourtant, cette approche, du point de vue des sciences de l'écologie, nous permet de prendre la mesure des interactions entre des individus animaux, des agents pathogènes (parasites, virus, bactéries, champignons) et des plantes ou autres substances naturelles présentes dans cet environnement.

Ainsi, comprendre comment nos plus proches parents, les chimpanzés, longtemps utilisés comme modèles de laboratoire, se soignent en milieu naturel peut ouvrir des pistes pour la médecine humaine. Comme ils partagent plus de 99 % de notre patrimoine génétique, nos anatomies et physiologies sont très similaires.

En clair : ce qu'un chimpanzé utilise pour se soigner peut potentiellement soigner un humain. Par ailleurs, leurs capacités cognitives et leur mémoire laissent à supposer qu'ils ont une pharmacopée assez riche et retiennent les effets de dizaines de plantes sur leur santé. Aujourd'hui, on appelle cela la bio-inspiration. Les Africains qui vivent à côté des chimpanzés pensent que c'est une évidence, du bon sens : « Bien sûr, les animaux se soignent avec les plantes de la forêt. »

Un autre point n'est pas négligeable. Nos plus proches parents vivent dans le milieu terrestre le plus riche en biodiversité et donc en espèces de plantes. Par conséquent, ce milieu est une ressource fantastique, encore méconnue des chercheurs : à peine 10 % des espèces végétales ont été étudiées pour leurs propriétés chimiques et biologiques. Il reste beaucoup à investiguer. Mais les forêts tropicales disparaissent à toute allure, grignotées ou dévorées et remplacées par des plantations de thé, de café, de cacao, de canne à sucre, de palmiers à huile. On peut évidemment tenter de freiner l'avidité de notre consommation. Mais étudier les propriétés pharmacologiques des substances naturelles, de façon systématique, c'est long. Une des méthodes privilégiées a consisté à étudier les plantes utilisées en médecine traditionnelle par les communautés humaines. Cependant, les recettes et valeurs symboliques attribuées aux plantes (le latex blanc d'une plante associé à ses vertus galactogènes par exemple) brouillent les pistes. À l'inverse, les chimpanzés font un usage peu transformé des parties de plantes dont ils se servent. Ils en arrachent les écorces pour les mastiquer ou accéder au bois sous l'écorce qu'ils lèchent ou grattent de leurs incisives, ils chiquent les feuilles ou bien les ingurgitent, sans mastication. Enregistrer méticuleusement leurs procédés alimentaires permet de déterminer quelles parties de plantes nous devons analyser. Bien que ces procédés soient moins complexes que ceux des humains, qui réduisent en poudre ou en cendre, inhalent, fumigent, infusent, mélangent, font mariner dans l'alcool ou le lait et administrent au cours de rituels, ils nous aident à trouver les composés actifs. Qui plus est, si les chimpanzés, principalement frugivores, font des efforts pour se procurer des parties de plantes, c'est un moyen de confirmer l'intention des usagers. Et si, effectivement, les essais biologiques confirment des propriétés et que le consommateur a des symptômes, les indices convergent : le chimpanzé se soigne !

Ainsi, grâce à l'observation de chimpanzés malades consommant des « aliments » inhabituels et recouvrant une bonne santé après, j'ai découvert les propriétés de certaines parties de plantes mais aussi de nouveaux composés. Makokou, un chimpanzé qui boitait sévèrement, a ingéré des feuilles amères de *Trichilia rubescens*, dont j'ai isolé de nouvelles molécules, les trichirubines, à activités antipaludiques. Des écorces d'*Albizia grandibrateata* longuement mastiquées par Kilimi, une jeune femelle ayant des troubles digestifs, j'ai mis à jour des saponosides actifs contre des cellules tumorales. Nous avons aussi travaillé sur des plantes employées à la fois par les médecins traditionnels et par les chimpanzés et avons isolé de nouvelles molécules à activités antiparasitaires de *Markhamia lutea* ou de *Warburgia ugandensis* dont les feuilles sont utilisées localement comme du piment, et les racines et l'écorce en petites quantités pour traiter les toux, le paludisme.

Nous avons mis en évidence de nombreuses propriétés antibiotiques et antifongiques des plantes en suivant des chimpanzés malades. Une autre piste peut être un mode de consommation inhabituel : par exemple, les chimpanzés ne consomment jamais de feuilles, fruits, écorces de *Neoboutonia macrocalyx* quand l'arbre est vivant. Mais quand il est mort et que son bois commence à se dégrader, devenant spongieux et tendre, alors les chimpanzés attaquent le tronc à pleines dents et en arrachent des morceaux qu'ils chiquent. C'est l'unique espèce végétale pour laquelle nous avons observé cette pratique de consommation de bois mort. Mes collègues ougandais ont montré que les molécules isolées de la plante vivante étaient actives contre le parasite responsable du paludisme mais également très toxiques. Est-ce que cette toxicité décroît après la mort de la plante ? Il nous reste tellement de pistes à explorer, ouvertes par l'observation des comportements des chimpanzés.

Une stratégie pour des nuits tranquilles en forêt : les matelas anti-moustiques

Sur le terrain, au quotidien, mon équipe ougandaise suit autant que possible les chimpanzés, même quand je suis de retour dans la « jungle parisienne » pour enseigner et analyser les données. Nous avons donc des milliers de journées d'observation. De leur réveil au soir, les assistants de recherche consignent leurs comportements jusqu'à ce qu'ils construisent leurs nids pour y passer la nuit. Chaque chimpanzé prépare un gros matelas, composé de branches souples et feuillues entrelacées, qui ne servira qu'une nuit. Seules les mères dorment avec leur dernier enfant, encore dépendant d'elles, les autres ne partagent pas leur nid. Lors d'une première étude, nous nous étions concentrés sur la répartition des nids des chimpanzés dans leur territoire, et en parallèle, sur l'abondance et la diversité des moustiques de type anophèles, vecteurs du paludisme en fonction de la hauteur à partir du sol et des types d'habitat : marécages, zones herbacées, collines, forêts matures ou sous-bois en régénération. Nous avons montré que les chimpanzés choisissent des sites en altitude dans des arbres où les moustiques sont peu abondants et où les risques de piqûres sont moindres. Ensuite, nous nous sommes focalisés sur l'espèce d'arbre choisie pour passer la nuit. Nous avons enregistré cette information pour plus de mille nids construits par quarante et un chimpanzés de Sebitoli. Ils ont utilisé cinquante espèces végétales différentes. Mais, chose curieuse, la moitié des nids sont fabriqués à partir de seulement trois espèces et 80 % des mille nids sont faits à partir de dix espèces seulement. Sur ces dix espèces, six sont vraiment sélectionnées, c'est-à-dire qu'elles sont significativement plus fréquemment utilisées que leur disponibilité en forêt. Camille Lacroux, pendant sa thèse que j'ai encadrée avec ma collègue Emmanuelle Pouydebat, spécialiste de biomécanique, a étudié les critères de choix des chimpanzés. Elle a montré qu'ils privilégient le confort, choisissant des arbres qui ont des feuilles de taille moyenne avec une bonne densité foliaire, mais ne négligent pas leur environnement aromatique. Camille a analysé les activités répulsives des extraits de feuilles contre les moustiques : 70 % des espèces utilisées produisent des huiles essentielles qui ont des propriétés insectifuges. Conclusion de nos travaux : la plateforme sur laquelle s'allongent les chimpanzés pour près de douze heures est d'un confort optimal : non seulement elle est moelleuse mais, en plus, elle permet de passer la nuit à l'abri des piqûres de moustiques !

Au-delà de fournir des modèles, d'inspirer les chimistes et les pharmaciens pour la médecine humaine, ces travaux sont également cruciaux pour rappeler qu'il est indispensable et urgent de préserver ces ressources inestimables de la forêt tropicale, pour les humains mais surtout pour les milliers d'espèces de non-humains qui l'habitent et en dépendent pour leur santé. L'approche « One Health[1] » prend ici tout son sens.

La santé de la planète en dépend également puisque les forêts tropicales sont les écosystèmes terrestres qui régulent le climat. Les arbres et les végétaux non ligneux, le sol, les tourbières, la faune des forêts tropicales constituent un puits de carbone qui compense une partie des émissions venant des combustibles fossiles. Stopper la déforestation ne sera pas suffisant, mais c'est la condition minimale pour ne pas courir trop vite à la catastrophe. Et dans les zones de reforestation, favoriser les essences indigènes et notamment celles pour lesquelles des propriétés

1. Santé globale, qui comprend la santé des humains, des animaux et de l'environnement.

médicinales ont été mises en lumière participe à maintenir la bonne santé de la faune et des humains.

L'exploration scientifique des forêts tropicales nous révèle l'origine de certains de nos comportements

Animale ou humaine, la médecine s'apprend

Choisir des guides qui nous ressemblent n'est pas anodin... ils permettent de nous interroger encore et toujours sur l'évolution et plus particulièrement sur notre espèce. Qu'est-ce qui a fait *Homo sapiens* ?

Ce que nos plus proches parents m'ont appris, avant tout, est que chaque groupe, chaque individu – qu'il soit humain ou non – est unique et souvent étonnamment adapté et intelligent dans son milieu. On ne peut étudier les animaux sans affiner notre approche et reconnaître qu'au sein de chaque espèce, chaque individu est unique. Impossible donc de parler des capacités « des chimpanzés » en prétendant qu'ils seraient tous semblables. Tous les chimpanzés ne sont pas violents, tous n'utilisent pas des outils de pierre, tous ne pratiquent pas la danse de la pluie. Étudier un groupe de chimpanzés comme les ethnologues étudient des groupes humains semble aujourd'hui une exigence.

Souvent, on entend s'extasier sur l'incroyable instinct des animaux, sur les sens que nous aurions perdus et que nous pourrions retrouver chez eux. Nous aurions donc le monopole de l'acquis alors que les animaux seraient mus par l'inné. Dotés de super-pouvoirs à la naissance dont ils ne maîtriseraient pas l'acquisition, juste l'utilisation. Ces remarques sont toujours étonnantes car elles englobent l'ensemble du monde animal pour l'opposer à notre seule espèce. Il y aurait donc eu un saut évolutif magistral entre les animaux non humains dont font partie les chimpanzés et les animaux humains que nous sommes.

La forêt m'a révélé l'inverse.

D'abord au travers de l'exemple des plantes médicinales. Je sais aujourd'hui que les chimpanzés ne sont pas « attirés » comme des aimants vers des plantes inconnues qu'ils ne consommeraient qu'en cas de maladie. Ce n'est d'ailleurs pas non plus le cas pour les aliments. Dès qu'ils goûtent autre chose que le lait de leur mère, commence pour eux un long apprentissage pour éviter de s'intoxiquer et choisir des aliments nutritifs. Ce savoir s'appuie à la fois sur un apprentissage individuel, qui associe une partie de plante à des caractéristiques physiques et chimiques qui confèrent un goût et une odeur, et sur un apprentissage social. En observant et copiant les choix de leur mère, de leur fratrie puis des autres membres du groupe, leur goût va se former, leur savoir s'accroître. Les aliments se distinguent des poisons qui ont des goûts amers, astringents, qui laissent une sensation désagréable de bouche sèche, de langue rugueuse.

Néanmoins, s'ils veulent se soigner, il leur faudra dépasser leur néophobie, cette crainte de la nouveauté, et leur conservatisme pour s'inspirer du choix de leurs proches lorsqu'ils consomment des parties de plantes inhabituelles, des substances aux goûts désagréables. Est-ce que le seuil de tolérance est diminué, ou l'appétence pour des produits aux goûts prononcés, et initialement perçus comme désagréables, diffère lorsqu'ils sont malades ? Peut-être ! Toujours est-il que nous avons étudié les chimpanzés qui consommaient des aliments inhabituels et vu qu'ils attiraient l'attention des congénères qui s'approchaient et les observaient intensément. Étonnamment, les chimpanzés copiés n'étaient pas forcément les mères ou les frères et sœurs : les chimpanzés modèles étaient des individus mâles ou femelles, âgés de vingt-cinq à quarante ans, donc en pleine force de l'âge, mais pas toujours des parents. Cette transmission, ces apprentissages peuvent être longs. Par exemple, pour savoir choisir puis ingurgiter des feuilles rugueuses sans les mâcher et sans avoir de haut-le-cœur, il faut quelques années. Les plus jeunes regardent, essaient, renoncent jusqu'à d'abord réussir avec de petites feuilles en forme de cœur (*Rubia cordifolia*), puis apprendre à plier avec leurs lèvres puis rouler avec leur langue les feuilles hérissées de petits poils, avant de les avaler tout rond. Ces feuilles ne sont pas choisies pour leurs propriétés nutritives ou chimiques puisqu'elles ne sont pas mastiquées. Ce sont bien les petits poils sur leur surface qui leur confèrent une activité mécanique. Ces feuilles qui ont la texture d'un velcro agrippent entre leurs petits poils les vers parasites pour ensuite les expulser avec la boulette de feuilles. Mais encore faut-il choisir le bon moment pour que l'effet soit optimal : le matin, à jeun, lorsque l'estomac est vide. Le transit est alors accéléré, permettant l'expulsion des feuilles rugueuses et des parasites qui y sont accrochés en six heures alors que le transit habituel est de vingt-quatre à quarante-huit heures… rien d'inné donc.

Des prémices de cuisine au fin fond de la jungle ?

Depuis maintenant cinq heures, mes observations se concentrent sur Koji. La jeune femelle vient de manger des feuilles de Trichilia rubescens. *Je sais désormais que la plante a des propriétés antipaludiques et m'attache à documenter chaque cas. Bien que je l'aie déjà fait des dizaines de fois, je plie et mords dans une des feuilles restant sur l'arbuste. Je ne peux réprimer une grimace. Une amertume très puissante emplit ma bouche. Je ramasse la branche qu'elle vient de laisser tomber, je compte les feuilles manquantes. Dix-sept. Comment a-t-elle pu avaler autant de feuilles au goût si désagréable... ? Je ne quitte pas la jeune chimpanzé des yeux. Ça ne fait que trente secondes que Koji a laissé tomber la branche de* Trichilia *et la voilà face à un tronc d'arbre tombé. Je m'approche en tentant d'être silencieuse. Je retiens mon souffle, et en mon for intérieur, je jubile. Voici un autre cas qui s'ajoute aux nombreux autres : la jeune chimpanzé a pris une petite boulette de terre, entre les racines d'arbre, l'a portée à sa bouche et déjà elle poursuit son chemin. Dix secondes riches d'informations et si difficiles à capter. Je m'approche du site : comme d'habitude, il s'agit d'une terre rouge, fine, sans pierre et sans humus, une terre qui vient d'environ 30 à 50 centimètres de profondeur, mais disponible sans effort, « en libre-service », entre les racines, sans avoir à creuser.*

J'ai comparé, il y a quelques années, la composition de la terre consommée par les chimpanzés juste après l'ingestion des feuilles de *Trichilia* à celle que les médecins traditionnels utilisent pour réduire les maux d'estomac, les nausées des femmes enceintes, les diarrhées hémorragiques. Ces médecins, intéressés par nos échanges sur les médecines animales, m'avaient confié des morceaux de terre de leur « pharmacie ». En forêt, passant après les chimpanzés qui en avaient ingéré, j'ai pu collecter des échantillons et les comparer : la composition est similaire. Elle est également similaire à celle du kaopectate, ce pansement digestif de médecine occidentale prescrit pour réduire les troubles digestifs. Mais quel est le mode d'action ? Dans ce cas précis, à quoi sert cette consommation ? Au laboratoire, j'ai mimé la digestion de cette terre avec les feuilles amères de *Trichilia*. Pour cela, j'ai reproduit la composition du contenu stomacal et intestinal, simulé les mouvements du péristaltisme digestif et la durée de passage dans le tractus digestif. À l'issue de cette « digestion », j'ai récupéré le liquide et comparé l'activité biologique sur les parasites responsables du paludisme des feuilles seules, de la terre seule et de l'association des deux. La terre n'avait pas d'effet mais la terre et les feuilles avaient une activité biologique supérieure à celle des feuilles seules… Ainsi, sans conscience du mécanisme d'action mais par un comportement reproduit entre membres de la communauté, la consommation de terre après celle de feuilles permet d'accentuer les effets du remède. Les chromatogrammes du labo de chimie révèlent que la terre adsorbe les molécules inutiles des feuilles et laisse disponible le surnageant, actif. Une sorte de galénique forestière.

Et les mélanges ne s'arrêtent pas là. Ainsi, les chimpanzés chassent, coopèrent, se répartissant les tâches pour poursuivre, encercler, faire tomber d'un arbre puis attraper une proie. Ils partagent ensuite la viande. Les raisons qui poussent les chasseurs à donner une partie de leur précieux butin à certains de leurs congénères – qui parfois n'ont pas participé à l'action – ne sont pas toujours claires. Selon les groupes, les individus et les zones géographiques où les études sont menées, les décisions semblent être fondées sur des liens d'amitié, des alliances, des besoins et parfois des retours comptables d'interactions précédentes. Mais ce qui est certain, c'est que jamais les chimpanzés n'ingèrent de chair animale sans y ajouter des feuilles. Il ne s'agit pas de feuilles prises au hasard, qui seraient juste à portée de main. Ce ne sont pas non plus des feuilles-aliments, celles qu'ils consomment en groupe et en grande quantité, avec des qualités nutritionnelles. À leur bouchée de viande, ils ajoutent des feuilles avec des goûts prononcés, amères, acides, astringentes, épicées et souvent pour lesquelles des propriétés biologiques ont été montrées : des feuilles-médicaments. Là encore, difficile de savoir s'il existe une raison organoleptique (l'amertume ou l'acidité qui modifie ou même masque le goût des viscères et des muscles) ou sanitaire (réduire le risque associé à la consommation de parasites, bactéries, virus de leurs proies, voire éviter les intoxications). Le plus probable est que les deux explications se combinent pour expliquer un effet similaire à celui des épices, sorte de « gastronomie darwinienne ». Si les épices sont particulièrement utilisées dans les pays chauds, c'est probablement parce que leurs propriétés antibactériennes ont permis aux consommateurs qui les appréciaient d'être en bonne santé et donc l'ail, l'oignon, l'origan, le thym ou le cumin, mais aussi les poivres et piments tuent ou inhibent la croissance des bactéries, tout comme certaines des feuilles utilisées par les chimpanzés pour chiquer la viande !

Le fait que les chimpanzés trempent parfois dans l'eau des rivières, des ruisseaux ou des flaques d'eau boueuse des boules de feuilles d'*Aframomum sp.*, au goût citronné et utilisées très largement en Afrique tropicale par les humains comme épice, vermifuge ou anti-douleur, pose la même question. Le goût est certainement choisi et l'activité antiparasitaire pas anodine en prévention d'infection potentielle, surtout quand on voit la couleur de l'eau qu'ils puisent parfois dans les empreintes d'éléphants…

Les forêts, lieux où naissent et vivent des cultures animales

Ces éponges confectionnées à partir de feuilles font partie des « outils » des chimpanzés. Détachées des tiges, roulées et pressées en boule avec les mains puis entre les gencives et les lèvres, elles sont ensuite tenues du bout des doigts pour éponger l'eau accumulée au fond d'un trou, dans un tronc d'arbre, trop étroit pour y plonger la main. Les outils des chimpanzés sont divers et leur permettent d'accéder à des ressources souvent inaccessibles et invisibles : baguettes de longueur et diamètre parfaitement adaptés pour collecter des fourmis, des termites, du miel au fond de la galerie d'une abeille charpentière ou dans une ruche souterraine, pierres assemblées en enclume, cale, percuteur pour casser des noix, pieux affûtés telles des brochettes.

Les chimpanzés se servent d'outils pour se nourrir et boire mais ils cueillent aussi des feuilles qui leur serviront de serviettes pour s'essuyer, de compresses pour nettoyer une plaie, manient des morceaux de bois ou des pierres comme projectiles, éparpillent dans l'air des feuilles déchiquetées comme une pluie de confettis pour courtiser une femelle. Cependant, des éléments de leur environnement sont employés par certaines communautés de chimpanzés mais pas par toutes, même lorsqu'ils sont disponibles. Ainsi même si des termites et des fourmis, sources de protéines animales, vivent autour des chimpanzés de Sebitoli, ils ne les consomment pas. Pourtant ils utilisent des baguettes pour collecter du miel d'abeilles mélipones, ce qui est une tâche considérée comme l'une des plus complexes ; ils auraient donc les compétences cognitives et manuelles pour le faire. Une communauté de chimpanzés peut être définie par le répertoire des outils qu'elle fabrique et emploie, sa *culture matérielle*. Mais encore plus surprenant, les cultures chimpanzés ne sont pas uniquement matérielles. Une façon de s'épouiller en se tenant mutuellement les mains au-dessus de la tête, la pratique de la danse de la pluie peuvent également s'ajouter au répertoire culturel d'une communauté.

C'est pourquoi les chercheurs parlent d'une *ethnographie* des chimpanzés permettant de distinguer, dans les vingt et un pays d'Afrique où ils sont encore présents, une grande diversité de comportements et traditions. Explorer les forêts tropicales, c'est aussi documenter dans sa diversité ce que découvrait Jane Goodall dans son travail pionnier en Tanzanie il y a soixante ans. Les humains ne sont pas les seuls à fabriquer et se servir d'outils. Ils ne sont pas les seuls à chasser et à partager leurs proies, à rire, à éprouver de l'empathie et des émotions, à communiquer par leurs voix mais aussi par du tambourinage, des gestes, des expressions faciales et posturales. Ils s'attachent à des membres de leur communauté qui ne sont pas forcément des parents. Ils éprouvent des sentiments. Des individus de certains groupes sont violents, pratiquent la guerre, l'infanticide et le cannibalisme. D'autres communautés, non. L'exploration des forêts nous a permis ceci : sortir de l'anthropocentrisme et accepter que l'humain est un animal, unique certes, mais comme tous les autres animaux le sont également, découvrir les intelligences autres qu'humaines.

Il nous faut encore du temps pour étudier ces cultures, les décrire et puis… convaincre de ne pas les détruire par des actes inconsidérés ni de penser naïvement que les individus non humains sont interchangeables. Chacun a un rôle dans son groupe social et dans son écosystème. Un rythme de destruction trop rapide de l'environnement ne permettra pas une transmission des savoirs et donc, même avec une excellente résilience et capacité d'adaptation, ces cultures disparaîtront, et avec elles, un peu de notre histoire, mais surtout des sentinelles et guides pour la santé globale. Compenser des destructions de l'environnement sans se soucier des individus qui y vivaient ; protéger une zone de forêt en ne considérant que sa surface, tout cela est inepte. Chaque parcelle de forêt est unique par ses interactions : les individus d'espèces territoriales ne survivront pas, ils ne pourront pas migrer et mourront et, avec eux, leurs cultures.

L'exploration des forêts peut nous apprendre comment vivre à leur contact : leur conservation ne doit pas seulement tendre à préserver une espèce en maintenant un nombre d'individus minimal, assez différents entre eux pour qu'ils ne conduisent pas à l'extinction de l'espèce, mais bien s'attacher à préserver l'intégrité des groupes sociaux et avec eux leurs cultures qui sont associées à la complexité de leur écosystème.

La forêt et ses tromperies éléphantesques

Il y a une douzaine d'années, « discutant » (grâce à mon assistant de recherche qui nous servait d'interprète) avec un fermier cultivant à la lisière du parc de son maïs détruit par les animaux de la forêt, j'ai été interpellée par son récit. Après m'être demandé si la traduction était bonne, j'ai vérifié auprès d'autres villageois puis j'ai proposé un sujet d'étude en master qui a permis de recueillir des témoignages allant dans le même sens. Ce fermier était particulièrement en colère contre les éléphants, surtout « des petits éléphants à la peau sombre et très agressifs ». Il décrivait l'arrivée de ces éléphants comme un phénomène nouveau. Le comportement de ces « migrants venus d'ailleurs » selon lui contrastait avec celui des grands éléphants gris, habituellement observés dans les champs riverains de la forêt. Il est bien trop dangereux d'essayer d'approcher les éléphants en forêt pour tenter de comprendre ce phénomène par l'observation directe. Il nous arrive bien souvent (parfois plusieurs fois par jour) de devoir décamper pour leur laisser la place. Dans ce cas, il est très rare d'avoir le temps de détailler les masses qui arrivent vers nous, parfois à grand fracas d'arbres cassés quand ils courent, parfois très silencieusement mais toujours derrière d'épais écrans de feuillage : nous nous sentons toujours minuscules et vulnérables face à eux. Résoudre ce mystère autour de la morphologie et du comportement des éléphants à Sebitoli fut le point de départ de la thèse de Julie Bonnald. Trois années de travail intense sur le terrain et en laboratoire ont confirmé les descriptions des fermiers : d'une part, des images d'éléphants, obtenues par caméras à détection de présence à Sebitoli, ont été comparées aux photos prises par des collègues dans des habitats africains de type forêt et savane. D'autre part, des crottins collectés pendant dix-huit mois dans notre zone d'étude ont été analysés. Les deux types d'étude convergent : notre zone forestière de moyenne altitude comprend des individus de petite taille aux oreilles rondes et aux défenses plutôt droites et pointant vers le bas, de type « éléphant de forêt » mais également des éléphants de grande taille, aux oreilles triangulaires et aux défenses épaisses et courbes, de type « éléphants de savane ». Et encore plus intéressant, la génétique comme la morphologie mettent en évidence l'existence d'éléphants d'un troisième type. La forêt de Sebitoli abrite aussi le fruit de la reproduction de ces deux sortes d'éléphants : des éléphants hybrides, qui eux-mêmes se reproduisent pour donner des hybrides de plusieurs générations. L'exploration de la forêt – et des crottins qui la jonchent ! – nous a donc révélé que les deux espèces d'éléphants d'Afrique telles que les définit l'Union internationale pour la conservation de la nature non seulement cohabitent mais s'accouplent et ont des descendants fertiles : ils appartiennent biologiquement à la même espèce. Autre découverte surprenante : nos travaux ont également démontré que les éléphants de savane étaient abondants dans notre zone forestière alors que les éléphants de forêt étaient beaucoup plus rares pendant notre période d'étude. Cela confirme la menace très forte pesant sur l'habitat forestier et donc sur les éléphants de forêt. Cette étude mériterait d'être poursuivie pour comprendre la dynamique de peuplement et d'utilisation de l'habitat forestier par les éléphants de savane. En effet, sous la pression du braconnage, des migrations d'éléphants depuis les Virunga en République démocratique du Congo vers le parc de savane de Queen Elisabeth, relié à celui de Kibale par un corridor, ont eu lieu à partir des années 1960, permettant le repeuplement de l'ouest de l'Ouganda en éléphants. Maintenant que la forêt de Kibale est devenue leur refuge, mais aussi un cul-de-sac pour leurs migrations, quelle sera l'étape suivante ?

Des forêts perméables à nos excès et nos poisons

Janvier 2011 : il est 16 heures. Nous avons passé la journée à suivre des cris, des silhouettes brunes, des tambourinages qui résonnent à 30 mètres, sans jamais avoir pu les approcher... Enfin, trois chimpanzés sont montés dans un énorme ficus, couvert de figues jaunâtres. J'essuie la sueur sur mon front et fais varier la mise au point de mes jumelles. Sur la branche moussue, ce chimpanzé, à qui il manque un pied, a un visage étrange. Différent. Comme aplati. Au milieu de sa figure, deux trous noirs. Nous connaissons encore mal les chimpanzés de Sebitoli, toujours craintifs, et passons beaucoup de temps les jumelles vissées aux yeux. Un quart des chimpanzés que nous savons désormais reconnaître ont des membres amputés. À certains, il manque des doigts, des mains, des avant-bras, des pieds, d'autres ont des bras en crochet, déformés. Ce visage est celui d'un adolescent. Il a vraisemblablement une malformation faciale. Nous le nommons Aragon.

C'est le début d'un long et triste inventaire des malformations des membres mais également des visages. En 2015, 31 % des cinquante et un chimpanzés clairement identifiés ont des mutilations qu'on attribue au braconnage par des collets métalliques. Et après Aragon – le premier chimpanzé identifié comme ayant un nez dysplasique – ce sont une quinzaine d'individus, plus jeunes, mâles et femelles, qui ont des narines atrophiées ou absentes. Une longue enquête débute. Ces malformations sont visibles chez les jeunes chimpanzés, on n'observe pas de lésions, pas d'infections, pas de cicatrices. Une chimpanzé a également un bec-de-lièvre. Certaines femelles n'ont pas de cycle sexuel. Les mères qui vivent à proximité des zones cultivées ont plus d'enfants malformés que celles qui préfèrent les zones de forêt profonde. Peu à peu, une piste se dessine. Et si l'exposition des fœtus chimpanzés aux produits agrochimiques expliquait ces visages déformés ? Encore une fois la chimie nous aide dans notre exploration des sols et de l'eau des rivières qui sillonnent la forêt. Trois campagnes menées sur trois ans entre 2017 et 2019 nous révèlent que l'eau des rivières contient un cocktail de pesticides. Certains sont détectés à chaque fois qu'ils sont recherchés : imidaclopride, 2,4-D, ametryn, glyphosate, carbaryl, carbendazim, carbofuran, terbutryn, thiamethoxam. Au total, ce sont dix-huit molécules qui sont identifiées dans les rivières, que ce soit à la lisière des champs cultivés ou à 4 kilomètres à l'intérieur de la forêt. L'eau est testée en laboratoire, au Muséum national d'histoire naturelle. Elle a un effet de perturbation de l'axe thyroïdien mais également des hormones sexuelles mâles et femelles. L'exploration des nids des chimpanzés nous permet de vérifier si cette pollution est décelable dans leur organisme : en escaladant les arbres et en inspectant avec patience et obstination pendant dix-huit mois leurs couchages, nous avons collecté les rares poils perdus par les primates dans leurs nids comme on le ferait – plus facilement ! – pour les cheveux d'humains sur un oreiller. Et le résultat est effrayant : ce sont soixante polluants qui ont été isolés dans les poils de vingt chimpanzés de Sebitoli. Majoritairement des produits issus de l'agriculture mais également de la pollution plastique puisque, parmi la longue liste, figurent les bisphénols A et S. Ces molécules proviennent très certainement de la route qui traverse le territoire des chimpanzés, ou des rivières qui, avant d'arriver dans la forêt, ont dévalé les pentes du Rwenzori et coulé au milieu de villages.

Explorer la forêt tropicale aujourd'hui, c'est aussi ça : s'apercevoir que nos modes de vie et de consommation imprègnent les écosystèmes qu'on pensait naguère être les plus impénétrables et inaccessibles ! Les forêts et les organismes qui y vivent sont perméables à la chimie des humains. Elle s'infiltre…

Et demain, quels autres chemins pour la découverte scientifique en forêt tropicale ?

La pandémie de Covid-19 nous a fermé l'accès à la forêt. Pour protéger les chimpanzés du virus qui provoquait des ravages chez les humains sur une grande partie de la planète (mais pas dans cette région d'Ouganda), la forêt aussi a été « confinée ». Accès interdit aux touristes, chercheurs, rangers, nationaux et internationaux. Personne donc pour témoigner de la santé des grands singes de Sebitoli. Pourtant, même si personne n'entre dans la forêt, les chimpanzés vont « rendre visite » aux cultures et se servir en épis de maïs au vu et au su des gardiens qui pourtant érigent des huttes pour surveiller leurs champs. À travers des chimpanzés de Sebitoli, j'ai pu lire la santé des humains vivant autour de la forêt puisque dans leurs selles j'ai trouvé des parasites jusqu'alors seulement identifiés chez des humains, et inversement dans les selles des humains vivant à la lisière de la forêt, la génétique m'a permis de découvrir les parasites digestifs des chimpanzés. Je n'ai pu me résigner. Cette sorte de contrat qu'est l'habituation des chimpanzés sauvages m'obligeait. Ils nous avaient permis d'obtenir des informations précieuses utiles à la santé humaine, nous nous devions de surveiller leur devenir pendant cette période critique. Il nous fallait trouver un moyen de suivre la communauté malgré le confinement et de vérifier l'absence de symptômes pouvant évoquer la Covid. Avant cette période, nous avions déjà installé des « yeux espions » dans la forêt, pour tenter de mieux la connaître en la dérangeant toujours moins. Des caméras camouflées, accrochées sur des troncs d'arbres, se déclenchant au passage des animaux. Avec la pandémie, nous avons décidé d'étendre cette méthodologie pour pallier l'absence d'observation directe et les autorités nous ont autorisés à placer des caméras et venir les relever pour nous assurer de la bonne santé des chimpanzés. Pas de malades pendant la période Covid. Aujourd'hui, nous développons des algorithmes pour trier les milliers d'images obtenues par ces caméras et décompter automatiquement les différentes espèces animales, étudier leurs comportements rares, dangereux, difficilement observables comme la collecte de miel ou encore les traversées de rivière, les incursions de nuit dans les champs de maïs. Nos recherches actuelles visent à identifier les individus grâce à l'intelligence artificielle : reconnaître qui vient ce soir prendre cinq épis de maïs ou quelle mère emmène ses petits s'entraîner à utiliser une baguette pour collecter du miel dans la galerie d'une abeille mélipone. Nous utilisons également des capteurs de son qui nous dévoilent des paysages acoustiques modelés par les oiseaux et les insectes, mais aussi les primates bien sûr. Ici il n'est pas nécessaire d'identifier les espèces ou les individus ; il s'agit plutôt d'évaluer le niveau sonore, puisque, évidemment, la perte de biodiversité est synonyme d'une réduction des sons naturels. Harmoniser nos méthodologies permet de comparer dans le temps et dans l'espace les orchestres de la forêt. Nous menons ce projet dans les forêts africaines afin d'avoir des référentiels : inventorier assez rapidement à un temps *t* dans une zone donnée les espèces visibles, évaluer le paysage sonore associé, comparer les données à grande échelle, entre zones, à différents pas de temps et évaluer les effets des activités agricoles, minières ou forestières qui se développent à proximité. Il ne s'agit évidemment pas de remplacer les yeux et les oreilles humaines qui resteront inégalés pour certains aspects, mais d'apporter une aide, un complément, un outil d'analyse qui épargnent des tâches répétitives, fastidieuses et peu intéressantes pour libérer du temps pour d'autres, plus utiles. Il s'agit aussi de relier ces informations pour savoir comment fonctionne l'écosystème. Les listes en elles-mêmes ne sont pas suffisantes mais comprendre les interactions entre les vivants, végétaux, animaux est encore et toujours notre quête, quels que soient les moyens.

Après ces années d'exploration de la forêt, à force de kilomètres parcourus et d'heures à la scruter, la flairer, l'écouter, à collecter et analyser fèces, urines, eau, poils, terre, écorces, fruits et feuilles, photos et vidéos, j'ai pu apprendre des non-humains et par ricochet mieux comprendre les humains. Dans les coups sourds qui retentissent d'une vallée à l'autre, j'ai perçu le rôle du tambourinage dans la communication des chimpanzés, dans les écorces des arbres, j'ai découvert des molécules jamais décrites, dans l'eau des rivières j'ai lu les pratiques agricoles des fermiers, dans les poils des chimpanzés les excès de plastique de notre société. Ce travail est celui d'une équipe. D'abord celle que nous formons avec Jean-Michel depuis le début, et désormais avec une cinquantaine d'Ougandais, tous originaires de la périphérie du parc et qui comme nous consacrent leur énergie à comprendre la forêt et ses habitants non humains. Cette forêt leur fournit un travail, des revenus, mais auparavant elle a fait naître les savoirs de leurs aînés. Comment renouer le lien avec la forêt et faire que nous vivions en harmonie avec elle, que les aires dites protégées ne soient plus des espaces confinés mais des espaces de partage harmonieux du vivant ?

La forêt, les corps des chimpanzés et des autres vivants portent les stigmates de notre civilisation et de notre époque. La « jungle », aussi mystérieuse et complexe qu'elle paraisse, n'est pas un milieu impénétrable, immuable, préservé de l'empreinte humaine. Cette zone qui fourmille de vie et où nous nous sommes souvent perdus, avant d'y tracer des sentiers et d'en connaître les pistes à éléphants, n'est qu'un minuscule échantillon de l'immense forêt du bassin du Congo qui s'étire sur les flancs de l'impressionnante chaîne des monts de la Lune, séparant la République démocratique du Congo de l'Ouganda. Elle est ancrée dans son époque, et pour peu qu'on prenne le temps de s'y fondre, pour peu qu'on l'aime et qu'on l'étudie, elle est un révélateur, au sens photographique du terme. Mais ce qui est le plus incroyable – et encourageant –, c'est son extrême résilience. Dans cette forêt détruite dans les années 1970 vivent cinquante ans plus tard des espèces rares et précieuses. Parfois les individus sont abîmés mais ils sont emplis d'une capacité d'adaptation impressionnante. Les chimpanzés sont présents avec une des plus fortes densités au monde, les éléphants, quasi disparus dans les années 1970, sont de retour, se reproduisent et s'adaptent au milieu forestier alors qu'ils sont originaires de la savane. Et ceux qu'on pensait rares voire disparus, pangolins et chats dorés, se montrent, de nuit, sur les vidéos de nos caméras espions. Emblématiques des forêts tropicales, ils sont des sentinelles que nous surveillons de près pour préserver la santé globale mais également parce qu'il nous reste tant à apprendre d'eux.

L'exploration de l'air et de l'espace

Bertrand Piccard

Le vol humain est-il une invention ou une découverte ? C'est en tout cas un rêve, un mythe inaccessible pendant des millénaires, au point d'en devenir un véritable tabou, un interdit religieux. C'est probablement ce qui explique pourquoi il a fallu attendre si longtemps pour y parvenir.

L'air chaud monte depuis toujours. Ce n'est pourtant qu'en 1783 que des fabricants de papier eurent l'idée de l'emprisonner dans une enveloppe pour profiter de sa légèreté et quitter le sol. Aucune technologie particulière n'était nécessaire. Juste de l'observation et de l'imagination. Et l'ambition débordante d'accomplir ce qui n'avait encore jamais été fait. Les Égyptiens, les Grecs, les Romains, auraient déjà pu décoller ainsi à leur époque, mais la mythologie réservait aux dieux le privilège du voyage aérien. Et aux oiseaux qui étaient devenus des animaux sacrés. L'appel du ciel était associé à un orgueil inacceptable, une concurrence faite aux divinités, et serait impitoyablement réprimé. Icare en fut la première victime, la plus connue, mais Phaéton également, quand, dans le poème d'Ovide, il mourut pour avoir osé conduire le char céleste de son père Phoebus qui transportait le soleil.

On aurait pu voir il y a des milliers d'années des montgolfières sous forme de lanternes chinoises volantes, mais il n'y eut personne pour en construire d'assez grandes et y faire monter les premiers aéronautes. Il a manqué si peu de chose pour que l'exploration du ciel commence bien plus tôt. Il faut dire qu'à la Renaissance encore, un aéronaute aurait été torturé et brûlé par l'Église pour hérésie. Pas étonnant dès lors que les aspirants pilotes se soient faits rares. Les machines volantes de Léonard de Vinci sont ainsi restées sur des planches à dessin plutôt que de peupler le ciel… et nourrir les bûchers.

Le vol humain n'est donc ni une invention ni une découverte. C'est une rupture, une infraction, un rejet des dogmes, le courage inouï de changer les règles communément admises. C'est l'évolution des croyances et non des sciences qui permit à l'homme de passer du rêve à la réalité. Et aussi la caution individuelle et collective finalement donnée à une ambition démesurée. Voilà ce qu'est l'exploration ! Une insatisfaction profonde face au *statu quo*, une volonté de faire toujours plus, toujours mieux, mais surtout autrement. Il faut être un hérétique, braver les certitudes du moment pour devenir un explorateur.

Avec de l'air chaud, puis de l'hydrogène, un gaz également moins dense que l'air froid, l'homme s'est mis à flotter dans l'atmosphère. Ce fut une révolution. Même la mode s'empara du phénomène pour proposer des tissus, des objets, des meubles en forme de ballons. Ce qui était jusque-là interdit, impossible, est devenu la seule façon de voler. Il fallait être plus léger et personne ne pouvait imaginer qu'un objet plus lourd que l'air puisse décoller. Une croyance handicapante pour dépasser la vitesse du vent ! Un nouveau dogme était né. Les explorateurs s'étaient rendormis.

Un siècle plus tard, quelques nouveaux hérétiques comme Lilienthal, Chanute, Ader ou les frères Wright s'y attelleraient pourtant, sous les quolibets de leur temps et les critiques des scientifiques qui avaient prouvé que c'était impossible. Une citation du maire de Dayton est inscrite dans le musée des Wright : « Il faut espérer que ces deux jeunes gens trouvent un métier sérieux au lieu de perdre leur temps avec des jouets inutiles. » Il parlait de l'avion, qui allait révolutionner le XXe siècle, de la Terre à la Lune ! Les gens qui pensent que quelque chose est impossible ne devraient jamais déranger ceux qui sont en train de le réaliser, au risque de passer plus tard pour des imbéciles bornés. Aujourd'hui encore, certains ne l'ont pas compris et consacrent beaucoup de temps et d'efforts à dénigrer les explorateurs de nouvelles dimensions.

Il est vrai qu'à force de vouloir imiter les oiseaux pour essayer de voler en battant des ailes, aucune machine ne pouvait décoller. Les vieilles images d'archive sont frappantes. Un courage incroyable, mais quel manque d'observation ! Il aurait suffi de regarder comment les grands oiseaux planent sans un mouvement d'aile. Les dinosaures volants l'avaient déjà saisi, lorsqu'ils exploitaient les courants ascendants pour survoler les falaises. Les scientifiques, eux, n'avaient pas encore compris la loi physique qui le permettait : la création d'une force de portance résultant de l'écoulement de l'air sur une surface d'aile. On pouvait donc passer d'un ballon qui flotte dans l'atmosphère, poussé au gré des vents, à un aéronef qui crée sa portance en avançant dans l'air au moyen de sa vitesse propre, que ce soit en planant ou avec un moteur.

Il ne s'agissait pas d'inventer quoi que ce soit, mais de développer sa compréhension de la physique. Il fallait « penser autrement », ce qui semble décidément l'obstacle le plus insurmontable. Comme quoi l'innovation ne vient pas de nouvelles idées mais de l'abandon de vieilles certitudes.

Malgré tout, l'aérostation[1] a écrit l'histoire et s'est assuré une place déterminante dans la conquête du ciel. Le premier vol de l'humanité s'est fait en montgolfière par Jean-François Pilâtre de Rozier et François Laurent d'Arlandes en 1783. Le premier engin à atteindre la stratosphère et à tester une capsule pressurisée fut le ballon FNRS d'Auguste Piccard en 1931, et malgré tous les progrès techniques, c'est un aérostat, le *Breitling Orbiter 3*, qui détient le record du plus long vol sans ravitaillement en distance et en durée de toute l'aéronautique, avec 45 633 kilomètres en 19 jours, 21 heures et 47 minutes. Quant à l'altitude maximale atteinte autrement qu'en fusée, 41 419 mètres, c'est encore un ballon, celui de Alan Eustace en 2014. Mais aucun record absolu de vitesse dans cette catégorie-là, évidemment !

Comment pouvait-on imaginer en décembre 1903, après un premier vol motorisé de 200 mètres, qu'un avion puisse franchir les océans ? Et pourtant, mètre par mètre, minute par minute, l'aviation s'est développée

1. L'aérostation représente la construction et la manœuvre des ballons à gaz et montgolfières.

dans un combat incessant contre les éléments. Chaque progrès était atteint au prix d'efforts et de sacrifices indicibles effectués par des pionniers que rien ni personne ne pouvait arrêter. Ils étaient les héros de leur temps, suscitant l'admiration dans un monde où le public savait encore s'émerveiller. Tout était à créer, à découvrir, à explorer, à développer. Quelle époque extraordinaire ! Aujourd'hui, toutes les nouveautés ne semblent-elles pas beaucoup trop normales ? L'avion a perdu de sa magie et les critiques fusent au moindre retard.

Dans ma vie d'explorateur, je crois que mon principal moteur a toujours été la nostalgie d'être né trop tard pour vivre les mêmes expériences que les premiers pionniers. Chaque vestige de cette époque, chaque photo de pilote, vieux morceau d'avion ou trophée commémoratif me fait vibrer de tout mon être. J'aurais tant voulu être à leur place, mais en aurais-je eu le courage ? Impossible d'ignorer le risque de ces vols expérimentaux, quand on voit que la plupart des constructeurs testaient eux-mêmes leurs engins, sans personne pour leur apprendre à les utiliser ! Ils étaient animés par une soif inextinguible de vol, de découverte… Beaucoup ont sacrifié leur vie, mais, par là même, sont devenus immortels.

Pourtant, les progrès, aussi spectaculaires qu'ils aient été, ne permettaient pas encore un transport aérien fiable. Il manquait la distance, la vitesse, et bien sûr l'altitude.

La Ligne, créée en 1918 par Pierre-Georges Latécoère, plus tard connue sous le nom d'Aéropostale, développa les premières liaisons vers l'Amérique du Sud avec les pilotes de légende que furent Mermoz, Saint-Exupéry et Guillaumet. Son fondateur avait déclaré :

« J'ai refait tous les calculs, ils confirment l'opinion des spécialistes : notre idée est irréalisable. Il ne nous reste qu'une seule chose à faire : la réaliser ! » Si vous voulez tester votre aptitude à l'exploration, regardez si cette phrase vous donne des frissons !

Très vite, pour transporter courrier et passagers, la course fut lancée entre les avions et les dirigeables développés par le comte von Zeppelin. L'explosion du *Hindenburg* à New York en 1937 consacra définitivement la supériorité de l'avion.

Les pilotes étaient des héros, des poètes, des philosophes, des charmeurs, et tout cela en faisait de vrais explorateurs. Rien ne devait leur résister, de la voûte céleste à la réussite de leur mission, en passant par la compréhension du sens de la vie que recherche avec ses mots incomparables l'auteur de *Vol de nuit*, de *Terre des hommes* et du *Petit Prince*. L'aviation inspirait, motivait, faisait décoller les esprits.

La traversée qui défraya la chronique et changea le destin de l'aéronautique fut effectuée au-dessus de l'Atlantique Nord en mai 1927, lorsque Charles Lindbergh relia sans escale New York à Paris. Les lettres de félicitations saturèrent le réseau postal américain. Le nouveau héros ne s'arrêta pas là et ouvrit par la suite à l'aviation commerciale des dizaines d'autres destinations. Exploration ou vision économique ? En tout cas, une première historique comme seule l'aviation a réussi à en offrir au monde.

Rien ne prédestinait ce jeune homme timide à devenir un des plus grands explorateurs du XXe siècle, si ce n'est l'intelligence avec laquelle il choisit de faire construire son avion et leva le financement de son expédition auprès des hommes d'affaires de la ville de Saint-Louis.

La qualité de l'explorateur n'est pas limitée à ses heures de vol, mais aux mois ou années de préparation et de combat face aux sceptiques de tous bords. Et parfois à la chance, que n'ont pas eue les pilotes français Nungesser et Coli qui se sont, selon certains historiens, écrasés à Terre-Neuve, peut-être abattus par les garde-côtes, après avoir réussi la traversée de l'Atlantique Nord une semaine avant Lindbergh.

Au début des années 1930, les avions volaient encore à une hauteur où le mauvais temps enlevait toute fiabilité au transport aérien. Les tentatives de record d'altitude se terminaient souvent par l'hypoxie, voire la mort du pilote. C'est dans ce contexte qu'Auguste Piccard inventa le principe de la capsule pressurisée, qu'il testa sous un ballon stratosphérique de sa conception. Comme aucune société aéronautique n'acceptait de la lui construire, il s'adressa à un fabricant belge de cuves de bière en aluminium, lui cachant l'usage qu'il voulait en faire, et décolla sans avoir réussi à trouver une assurance pour couvrir son expédition. En atteignant la stratosphère à 16000 mètres d'altitude, il fut le premier à admirer de ses propres yeux la courbure de la Terre. Si cette ascension le fit entrer dans l'histoire, Hergé le fit entrer dans la légende, en le prenant comme modèle pour son Professeur Tournesol, véritable archétype du savant. L'ancienne génération de ma famille, peu portée sur les bandes dessinées, en fut offusquée, la nouvelle ravie. Je me rappelle quand une de mes filles, à neuf ans, m'a dit d'un ton très sérieux : « Ne sois pas triste que ton grand-père soit mort, tu peux le voir tous les jours dans les albums de Tintin ! »

L'année suivante, les constructeurs et les assureurs se pressèrent à sa porte pour participer à sa deuxième ascension stratosphérique. Voilà le destin des pionniers : être pris pour un fou, puis réussir, et voir tout le monde trouver alors normal, et pourquoi pas facile, de faire la même chose.

En volant dans de l'air raréfié, la vitesse pouvait augmenter et la consommation de carburant diminuer. Nous étions dans la deuxième étape qui rendait l'aviation plus performante, plus efficiente sur les plans économique et écologique. Lorsque Chuck Yeager franchit le mur du son en 1947, on peut dire que l'exploration avait permis l'éclosion de l'aviation moderne : elle pouvait enfin aller loin, haut et vite.

Et les femmes dans tout ça ? Elles durent se contenter d'être « la première femme » mais pas la première personne tout court à traverser l'Atlantique Nord (Amelia Earhart), passer le mur du son (Jacqueline Cochran), orbiter la planète (Valentina Terechkova).

Il faut dire qu'à cette époque, elles devaient se battre contre la société autant que contre les éléments. Lorsque le frère jumeau d'Auguste, Jean-Felix Piccard, construisit le premier ballon stratosphérique américain, il n'avait pas de brevet d'aérostier et comptait faire piloter sa femme Jeannette qui en possédait un. La fameuse National Geographic Society refusa catégoriquement de les soutenir, déclarant que la place de cette femme était à la maison avec ses trois enfants ! Le vol se fit pourtant, en 1934, grâce au soutien d'un autre pionnier, Henry Ford, avec Jeannette aux commandes et Jean-Felix à ses instruments de mesure scientifiques. Au point que la cosmonaute Valentina Terechkova s'exclama en rencontrant Jeannette : « Mais c'est vous la première femme dans l'espace ! » L'élégance des grandes.

Voilà les histoires qu'on me racontait enfant, à la place des contes de fées. Des histoires de pionniers, d'explorateurs qui avaient défié toutes les certitudes de leur temps pour réaliser ce qui paraissait totalement impossible. Captivé, j'écoutais les récits que mon père me faisait de la conquête du ciel, des pôles, de l'Everest, de l'espace, des abysses. Je découvrais les ascensions stratosphériques de mon grand-père et son invention du bathyscaphe, avec lequel mon père avait effectué d'innombrables plongées jusqu'à l'exploit mythique de la fosse des Mariannes, le point le plus profond des océans. Les noms que j'entendais chaque jour à la maison étaient ceux de Charles Lindbergh, Neil Armstrong, Wernher von Braun, Alan Shepard, John Glenn, Scott Carpenter, et aussi d'Edmund Hillary, Thor Heyerdahl, Alain Bombard, Jacques Mayol. Ils étaient les héros de mon enfance. Je connaissais leur vie par cœur, j'apprenais leur histoire dans des livres, mais ce qui changea véritablement ma vision du monde, ce fut de les rencontrer personnellement. De découvrir qu'il ne s'agissait pas seulement de belles histoires, mais d'une réalité plus fabuleuse que tous les contes de fées réunis. Dorénavant, il ne pouvait plus y avoir pour moi de fossé entre le rêve et la réalité. Il suffisait d'imaginer quelque chose de grandiose pour que cela se réalise. Une chose pouvait être difficile, peut-être qu'on ne savait pas encore comment la réaliser, mais l'impossible n'existerait plus jamais. Ce qui s'était fait jusqu'à maintenant n'avait aucune raison de ressembler à ce qu'on pourrait accomplir demain.

D'autant plus que les explorateurs que j'avais la chance de côtoyer n'étaient pas des supermen. Ils avaient l'air tout à fait normaux, prenant le temps de parler au petit garçon que j'étais, d'expliquer leur passion ou simplement de la laisser transparaître. Ce qui les différenciait des autres, c'était leur volonté de vivre à la vitesse du son, voire de la lumière. De faire les efforts nécessaires pour réaliser leurs rêves. Car l'exploration, c'est aussi de l'ambition, pas seulement de la curiosité. Ils étaient animés par cette volonté inextinguible de faire ce que personne n'avait réussi avant eux. Grimper plus haut, plonger plus profond, voler plus vite, quitter la terre ferme pour conquérir les sommets, les abysses, et même la Lune. Quand Bill Anders, qui avait pris le fameux cliché du lever de Terre depuis la Lune, arriva en pilotant son avion de chasse pour visiter en Floride le sous-marin de mon père, je me suis dit que la vie pouvait vraiment être passionnante.

Certains eurent la vision nécessaire pour faire les bons choix, d'autres pas. Les meilleurs pilotes d'essais américains ne répondirent pas tous présents à l'appel de la Nasa qui recrutait les premiers astronautes. Chuck Yeager, par exemple, bouda l'annonce et manqua ce qui aurait pu le faire devenir la plus grande légende volante de tous les temps. Il croyait à l'avion, pas à la fusée. D'autres saisirent leur chance et conquirent l'espace.

L'apothéose de mon enfance fut de voir de mes propres yeux, à cap Kennedy, six décollages de fusées Apollo. Une course à la Lune qui se jouait entre des nations, les USA et l'Union soviétique, comme s'étaient jouées, entre autres, la découverte des Amériques entre l'Espagne et le Portugal, la conquête de l'Everest entre la Nouvelle-Zélande et la Suisse, la fosse des Mariannes entre la Suisse et la France. Les Soviétiques avaient gagné la manche initiale avec *Spoutnik*, le premier satellite, et Yuri Gagarine, le premier homme dans l'espace, mais la suite se jouait maintenant, devant moi.

J'ai décidé à cet instant que c'était cette vie-là que je désirais moi aussi mener. Celle d'un explorateur. Je m'en souviens exactement. J'avais onze ans. Mon père venait d'embarquer dans le mésoscaphe *Ben Franklin* qu'il avait construit pour étudier le Gulf Stream. Il allait dériver pendant un mois et 3 000 kilomètres le long de la côte est américaine. Et le 16 juillet 1969, j'assistais émerveillé au décollage d'*Apollo 11* pour la Lune : le sol tremblait, l'air vibrait, j'étais à côté de Peter von Braun, le fils de Wernher qui dirigeait le programme spatial américain, avec l'impression de vivre l'évènement le plus marquant de l'histoire de l'humanité.

Les grandes premières qui peuplaient les récits de mon enfance avaient été profondément utiles à l'humanité. Elles avaient ouvert de nouvelles voies, de nouveaux modes de transport. Elles avaient changé la face du monde et surtout profondément modifié notre perception de l'impossible. Celles qui n'avaient pas eu de conséquences pratiques directes, comme la conquête des plus hauts sommets, avaient offert de l'espoir à l'humanité en lui montrant ce que l'être humain est capable d'accomplir avec du courage et de la persévérance. Certaines s'étaient aussi avérées déterminantes pour la protection de l'environnement. Comme la plongée du bathyscaphe *Trieste* dans la fosse des Mariannes : en découvrant un poisson à 11 000 mètres de profondeur, mon père et son coéquipier Don Walsh avaient mis un terme aux projets gouvernementaux de jeter les déchets radioactifs dans les abysses que tout le monde croyait désertes.

Pour moi, l'exploration devenait le seul chemin possible, et j'étais convaincu que tout le monde partageait ce même état d'esprit : abandonner ses croyances et ses habitudes pour entrer dans l'inconnu, les doutes et l'incertitude, tenter ce qui n'a jamais été fait, utiliser les points d'interrogation afin de stimuler sa créativité et sa performance, inventer de nouvelles solutions, transformer l'impossible en possible ! Y avait-il une autre façon de vivre sa vie ? Je pensais que non, jusqu'à ce que je m'aperçoive que la mentalité de l'explorateur était en fait très peu répandue sur cette planète. L'exploration de l'inconnu fait peur à tous ceux qui préfèrent se rassurer avec des dogmes et des préjugés. Quelle déception…

On me demande souvent comment on devient explorateur. En fait, on ne décide pas forcément ce que l'on va explorer, on décide seulement de sortir des sentiers battus, de prendre les chemins de traverse, de saisir toutes les occasions de faire ce que les autres n'osent pas ou n'arrivent pas à faire. Ou plutôt ce qu'ils pensent être impossible. Est-ce ainsi pour tous les explorateurs ? Je ne sais pas, mais c'est en tout cas comme ça que j'ai vécu, suivant le fil rouge de mes rêves d'enfant, avec une boussole dans le cœur qui me montrait l'inconnu plutôt que le nord. Une des seules choses que je n'ai pas explorées est la drogue, car j'ai toujours pensé que cela n'offrait aucune avancée. Mais le reste, oui. C'est ainsi que j'ai commencé à voler en deltaplane à l'âge de seize ans, que j'ai essayé le premier ULM importé en Suisse et que j'ai accepté un rôle de copilote pour traverser l'Atlantique en ballon bien avant de passer mon brevet d'aéronaute. Pourquoi dire non quand on peut dire oui ?

Cela ne doit pas faire oublier que l'exploration n'est pas toujours spectaculaire ou médiatique. Elle peut se retrouver partout, même de la façon la plus modeste, car elle est également intérieure. Loin des automatismes dans lesquels on se perd en s'accrochant à ses habitudes, la confrontation au risque et à l'inconnu permet des moments de plénitude et de conscience de l'instant présent qui nous font vivre en pleine possession de nos moyens. Les expériences se gravent de manière indélébile au plus profond de notre être, mettant en exergue le sens spirituel de l'exploration. Après un programme de voltige de quatre-vingt-dix secondes en deltaplane, j'avais l'impression que rien d'autre ne comptait dans ma journée tant la conscience de chaque mouvement était restée vive.

Rien ne peut égaler la concentration qu'on ressent quand on se retrouve dans une situation complètement nouvelle. Je me souviens de la sensation de décoller en vol libre d'une montagne d'où personne n'avait jamais décollé ; d'effectuer un looping, tout seul en plein ciel, cette figure mythique où pendant un instant ce n'est plus la Terre qui tourne, mais l'homme ; de sentir les flotteurs de mon ULM hydravion toucher l'eau turquoise d'un lagon maldivien et de survoler le cap Sounion avec son temple de Poséidon sur fond de coucher de soleil. Comment décrire, autrement qu'en l'écrivant ici, ce rase-mottes sur les rizières indiennes, où l'enveloppe high-tech du *Breitling Orbiter 2* semblait à des années-lumière des paysans qui nous saluaient et des enfants qui couraient pour essayer de nous rattraper ? Ou, un peu plus tard, ce survol du delta du Gange et ses milliers de petites îles qui brillaient sous la pleine lune au milieu d'un océan argenté ?

Que ce soit la première fois dans l'absolu, ou la première fois pour un individu, c'est de toute façon une expérience unique. Le bonheur d'atteindre son sommet, sa montagne, son ciel, son rêve, doit suffire à tous pour nous motiver à devenir des explorateurs. Mais il faudrait pour cela expliquer davantage les bienfaits de sortir de sa zone de confort, de prendre le risque de rater, de vouloir se surpasser, pour sentir dans quel sens la vie mérite d'être vécue.

Pour favoriser le sens de l'exploration chez les enfants, il faut les encourager à poser toutes les questions possibles, sans jamais leur donner des réponses idiotes comme : « ça ne te regarde pas », « ce n'est pas de ton âge », « tu comprendras plus tard », « tu es trop curieux ». Et si on ne connaît pas la réponse, ce qui est souvent le cas, reconnaissons-le ouvertement. Quel cadeau magnifique pour un enfant de s'entendre dire « je ne sais pas », car cela montre qu'il y a encore de multiples choses à découvrir.

L'esprit d'exploration rend curieux, performant, audacieux, prêt à saisir chaque occasion de comprendre un peu plus et faire un peu mieux que ce que l'on a toujours fait. La routine et les certitudes, au contraire, endorment les cœurs et les esprits, dans une paralysie invalidante. Jacque Brel ne disait-il pas que trop d'hommes sont handicapés de leurs rêves non réalisés ? C'est pour cela que je suis également devenu psychiatre et hypnothérapeute, voulant m'ouvrir à la découverte du monde intérieur autant qu'à celle du monde extérieur.

J'ai aussi compris que le succès ne doit pas être un but en soi, mais une étape qui permet d'acquérir les compétences pour continuer à chercher. Sans cela, on poursuit sa vie dans un fauteuil en regardant derrière soi avec nostalgie. Pourquoi m'arrêter au deltaplane, à l'ULM, au ballon, à l'avion solaire ? L'explorateur est un éternel insatisfait. Il ne s'arrête jamais. Il veut toujours aller plus loin.

Pourtant, l'objectif n'est pas simplement de battre des records ou d'effectuer des actions spectaculaires. Non, l'explorateur est capable de mieux : de découvrir ou inventer, d'accomplir des premières, c'est-à-dire effectuer quelque chose que personne n'avait encore réussi ni même cru possible. Pour un record, on se bat contre les autres afin de les dépasser ; pour une première, on se bat contre soi-même, ses doutes et ses peurs.

Quand j'ai tenté le premier tour du monde en ballon, avec *Breitling Orbiter*, ce que j'ai trouvé le plus passionnant était de me lancer dans un projet sans personne pour m'expliquer comment procéder, ni même pour me dire si c'était faisable ou non. Une feuille complètement blanche qu'on essaie d'écrire dans un livre d'histoire. Cela signifie que votre équipe doit être constituée des meilleurs talents et compétences. Dans un projet facile, des paresseux peuvent postuler ; pas dans un projet impossible dans lequel seuls les pionniers prennent le risque de s'embarquer.

Le principal mérite n'est pas de décoller quand tout est prêt, mais d'oser s'engager, faire le premier pas. Nous avons dû construire un aérostat capable de voler trois semaines, alors que le ballon à avoir volé le plus longtemps jusque-là était resté en l'air six jours. Il a fallu que nos météorologues développent de nouveaux modèles de prévision. Que j'obtienne les autorisations de survoler tous les pays, y compris la Chine. Que nos ingénieurs réinventent le principe de la rozière, qui avait coûté la vie à Pilâtre de Rozier en 1785, deux ans après son premier vol historique, et obtiennent une autonomie maximale avec une cellule d'hélium réchauffée la nuit par des brûleurs au propane. Et il a fallu surtout, et c'est primordial, accepter le risque de rater, d'essuyer des railleries, de vivre à crédit sur un succès qui n'arriverait peut-être jamais. C'est difficile, très difficile, beaucoup plus que de se laisser porter majestueusement par le vent tout autour de la planète.

Ma première tentative s'est soldée par un amerrissage en catastrophe dans la Méditerranée après six heures de vol en raison d'une fuite massive de carburant dans l'habitacle pressurisé. Ma fille aînée n'osait plus aller à l'école, de peur qu'on ne se moque d'elle. Le deuxième essai a pris fin en Birmanie après neuf jours. Pendant ce temps, une dizaine de concurrents, dont Richard Branson et Steve Fossett, échouaient aussi. La principale différence entre nous fut l'évolution de nos stratégies et technologies d'une fois à l'autre. Dans mon équipe, nous changions beaucoup de choses avant de réessayer. Mes concurrents, eux, ne changeaient rien et continuaient à rater pour les mêmes raisons. À la troisième tentative, entre le 1er et le 21 mars 1999, avec un ballon différent, un autre type de carburant et Brian Jones comme nouveau copilote, je finis par réussir mon rêve. De justesse, puisque nos réservoirs de propane ne nous laissaient plus que deux heures d'autonomie après vingt jours ! Dick Rutan, qui avait effectué en 1986 avec *Voyager* le premier tour du monde sans escale en avion, m'avait prévenu : « La seule façon d'être sûr d'échouer, c'est d'abandonner ! »

Comme il avait raison ! Rien ne s'était passé comme prévu. Afin de respecter les drastiques conditions chinoises n'autorisant le survol de leur territoire qu'en dessous du 26ᵉ degré de latitude, nous avions dû faire un immense détour depuis la Suisse par le Maroc et la Mauritanie pour laisser les vents nous entraîner suffisamment au sud. Cela avait rallongé notre vol de quatre jours et 5000 kilomètres. Mais nos météorologues avaient réussi à faire passer le fil par le trou de l'aiguille. Jusqu'au Pacifique, où ils nous firent éviter une tempête en nous dirigeant très près de l'équateur, ajoutant encore quatre jours au vol. Jamais nous n'avions imaginé un trajet aussi long. Le constructeur du ballon non plus ! Après avoir tenté le tout pour le tout au-dessus du Mexique en allant chercher le jetstream[1] à l'altitude maximale que nous pouvions atteindre, il ne nous restait qu'un huitième de nos réserves de gaz pour effectuer le dernier quart du tour du monde. Mathématiquement impossible, mais l'exploration n'a cure des statistiques. Je me rappelle m'être dit que je ne pourrais jamais vivre la deuxième partie de ma vie en me demandant chaque matin si j'avais bien fait d'effectuer un atterrissage d'urgence au Mexique. Avec la phrase de Dick Rutan en tête, il ne nous restait qu'à prendre le risque d'un amerrissage dans l'Atlantique. Un

1. Les jetstreams, ou courants-jets, sont des vents très rapides qui soufflent d'ouest en est juste en dessous de la stratosphère.

jetstream de 234 kilomètres/heure nous fit traverser le dernier océan à la vitesse d'une fusée et réussir notre pari en posant le *Breitling Orbiter 3* dans le désert égyptien.

Le plus surprenant fut les félicitations de l'ambassadeur chinois qui me déclara : « Avez-vous remarqué que c'est le détour imposé par mon gouvernement qui vous a permis d'effectuer le vol le plus long en distance et en durée de toute l'histoire de l'aéronautique ? » Il avait raison : les plus beaux cadeaux de la vie sont souvent présentés dans d'affreux papiers d'emballage. Mais quel bonheur quand on les ouvre !

Finalement, à quarante et un ans, je devenais l'explorateur que je rêvais d'être enfant. J'avais vécu au plus profond de moi ce que mes héros avaient dû ressentir, dans leurs échecs autant que dans leurs victoires. C'était ça que je voulais découvrir.

Quelques mois plus tard, lorsque je donnai une de mes premières conférences à l'Experimental Society of Test Pilots, un vieux monsieur arriva vers moi en me disant : « Vous rappelez-vous de moi ? Je suis Scott Carpenter. » C'était un des astronautes du livre *L'Étoffe des héros*, et il était venu à l'anniversaire de mes douze ans. Ce jour-là, j'eus l'impression qu'une première boucle était bouclée.

Mais le succès ne fait pas que des amis. Un aéronaute beaucoup plus expérimenté que moi me déclara qu'il aurait très bien pu faire ce vol à ma place. Quand je lui ai demandé pourquoi, alors, il ne l'avait pas fait, il me répondit qu'il n'avait pas de sponsor pour le financer. Cela montre qu'il y a une autre façon de définir l'exploration : la capacité de fund-raising ! Cela s'est révélé vrai tout au long de l'histoire. Si Christophe Colomb a navigué sous pavillon espagnol, c'est simplement parce que ses compatriotes génois avaient refusé de financer son expédition, à la différence du roi Ferdinand d'Espagne.

Les premiers sponsors étaient des États, les premiers logos des drapeaux, emportés sur les nouveaux continents, la fosse des Mariannes, le sommet de l'Everest ou la Lune. Neil Armstrong bénéficia du budget colossal alloué par le Congrès américain à la Nasa. Puis ce furent des entreprises privées ou des mécènes qui prirent le relais, mais l'exploration ne fut jamais possible sans financements. Si l'esprit de pionnier préexiste à toute expédition, ce ne sont que les chèques aux multiples zéros qui la permettent. Curieux mélange de poésie et de réalisme. Un bon explorateur est souvent un bon fund-raiser. Et le sponsor doit être un bon explorateur quand il prend le risque de soutenir une nouvelle expérience.

La capsule orange du *Breitling Orbiter 3* fut demandée par le Smithsonian Air and Space Museum de Washington, que mon père m'avait fait visiter à douze ans. Lorsque je pénétrai dans le grand hall des Pionniers pour la découvrir au milieu des avions et fusées de mes héros, mes larmes d'émotion étaient visibles, mais personne ne remarqua que je tenais par la main l'enfant d'autrefois, lui qui m'avait forcé par ses rêves et sa curiosité à apprivoiser l'inconnu et à vouloir réussir à tout prix. Pour en avoir rencontré beaucoup, je crois que tout bon explorateur est resté, qu'il s'en défende ou non, en relation étroite avec son enfant intérieur.

Pourtant, dans cet enchevêtrement spectaculaire d'ailes et de fuselages, quelque chose me gênait imperceptiblement. J'avais devant les yeux l'aviation du passé. Celle qui avait écrit l'histoire, mais ce n'était plus que de l'histoire.

L'aéronautique avait été, pendant ses sept premières décennies, le symbole d'une disruption spectaculaire, faisant évoluer l'engin en bois des frères Wright jusqu'au Concorde en passant par *Apollo 11*. Depuis, elle a fait preuve d'optimisation, certes, mais pas d'innovation. Pour le profane, l'Airbus 340 actuel ressemble à s'y méprendre au Boeing 707 des années 1960. Pis que cela, voler est maintenant normal, banal, commercial. L'exploration est-elle terminée ?

Alors bien sûr, les avions sont aujourd'hui plus silencieux, plus sûrs et consomment moins de kérosène. Mais ils en consomment toujours, au point que l'aviation est devenue le bouc émissaire des activistes climatiques. Des voix s'élèvent pour, au pire, l'interdire, au mieux la diminuer. C'est vrai qu'elle est tombée dans l'excès du low cost qui pousse à voler non pas pour aller quelque part mais simplement parce que c'est bon marché. Le transport aérien ne compte cependant que pour 3 % des émissions mondiales de CO_2, soit la moitié de ce que représente le gaspillage alimentaire. Cela ne signifie aucunement qu'il ne faut rien faire, mais ces critiques ne devraient pas devenir un alibi pour faire oublier qu'on n'ose pas s'attaquer aux autres 97 % d'émissions, provenant, elles, de la mobilité terrestre, de la construction, de l'agriculture, de l'industrie, de la mode et du numérique.

Ici, ce n'est pas le ciel qui est la limite, c'est le carburant ! C'est donc là qu'il fallait agir. Après soixante ans de sommeil, l'aéronautique devait redevenir disruptive, innovante. Elle devait redevenir de l'exploration. C'est le message qu'a voulu transmettre Solar Impulse avec son tour du monde à l'énergie solaire, sans une seule goutte de carburant.

Curieusement, le secteur de l'aviation n'y a pas cru. On m'a déclaré qu'un engin de 72 mètres d'envergure, plus grand qu'un jumbo-jet, mais léger comme une voiture familiale, ne pourrait jamais exister. L'histoire est un éternel recommencement. Les frères Wright ont bâti leur machine dans leur usine de bicyclettes, et c'est finalement un chantier naval qui a accepté de nous construire une structure en fibre de carbone suffisamment légère et solide. Comme quoi l'innovation provient le plus souvent de l'extérieur du système. Rappelons-nous que ce ne sont pas les vendeurs de bougies qui ont inventé l'ampoule électrique !

Solar Impulse ne fut pas conçu pour transporter des passagers, mais un message : prouver que les énergies renouvelables et les technologies propres peuvent accomplir des buts *a priori* impossibles, même dans le domaine aérien. Il illustre non pas ce que l'aviation sera dans le futur mais quel doit être notre état d'esprit pour l'imaginer.

Contrairement à ce que l'on pourrait croire, les plus grandes difficultés ne furent pas techniques, mais administratives. Il fallut se battre contre les normes de sécurité qu'on voulait nous imposer, les tracas réglementaires, les réticences de tous ceux qui craignaient un accident. S'il y a moins d'aventures à l'avenir, ce ne sera pas par manque d'imagination, mais par excès de bureaucratie.

Voler jour et nuit à l'énergie solaire, sans bruit, sans pollution et sans carburant m'a donné tout d'abord l'impression de vivre dans l'avenir, dans une histoire de science-fiction. Mais ce n'était pas du tout le cas. Je n'étais que dans le présent, avec ce que les technologies existantes me permettaient de faire actuellement. Et c'est là que j'ai pris conscience du fait que notre monde vit dans le passé, avec des systèmes et des infrastructures polluants et inefficients utilisés depuis le début de l'ère pétrolière il y a cent dix ans : des moteurs thermiques au rendement maximum de 27 % alors que celui de mes moteurs électriques était trois fois et demie plus élevé, des maisons mal isolées, des systèmes de chauffage et d'éclairage archaïques, des énergies fossiles polluantes. Quelle honte d'en être encore là, sans même s'en rendre compte, un peu comme un poisson qui vit dans l'eau et ne voit pas qu'il est mouillé !

Après 43 000 kilomètres et seize escales, le survol de l'Asie, du Pacifique, du Golden Gate, de la statue de la Liberté, de l'Atlantique, des pyramides du Caire, Solar Impulse revint se poser à Abu Dhabi le 26 juillet 2016. Le message était clair et les retombées ne se sont pas fait attendre. Des aéronefs 100 % électriques ou hybrides commencent à emporter des passagers. H-55, la start-up d'André Borschberg, mon partenaire dans le projet *Solar Impulse*, prépare l'électrification d'un court-courrier de trente places. Des VTOL, taxis volants à décollage vertical, se frayent peu à peu un chemin dans la jungle administrative.

Au stade actuel, les batteries restent trop lourdes pour en envisager l'utilisation dans l'ensemble de l'aéronautique. On parle alors de décarboner l'aviation avec des carburants durables, les « sustainable aviation fuels ». En résumé, on transforme en kérosène la biomasse, les déchets et les huiles usagées. Dans le cas des carburants de synthèse, les « electrofuels », on reconstitue des chaînes d'hydrocarbure en combinant de l'hydrogène et du CO_2 capté à la sortie des cheminées d'usine. Il s'agit là d'un paradoxe intéressant. Certains considèrent que le cycle du carbone serait ainsi neutre, puisqu'on ne fait que remettre dans l'atmosphère du CO_2 qu'on en a extrait. D'autres constatent qu'on pourrait séquestrer définitivement le carbone qu'on aura capté, au lieu de le remettre dans l'air. En fait, ces carburants permettent de devenir neutre en CO_2, dans une situation où l'on pourrait être négatif.

La seule façon de sortir complètement de la problématique des gaz à effet de serre est offerte par l'hydrogène vert. De l'électricité éolienne ou photovoltaïque est utilisée dans des électrolyseurs pour extraire l'hydrogène de l'eau. Ce gaz peut être stocké sous forme comprimée ou liquide, et ensuite passer dans des piles à combustible, qui le retransforment en électricité pour alimenter un moteur.

Là aussi, on retrouve beaucoup de sceptiques, car il est vrai qu'on devra créer de toutes pièces une industrie entièrement nouvelle, pour sa fabrication, son transport, son stockage, sa distribution dans de nouveau type d'aéronefs. Impossible ? Pas plus que de voler en 1903, ou de passer de la calèche à l'automobile, du téléphone fixe au portable ou du boulier à l'ordinateur ! La nécessité d'explorer n'a pas disparu avec le temps, bien au contraire.

Des essais de propulsion à l'hydrogène sont menés sur de petits prototypes qui volent une heure ou deux, Airbus envisage la production d'un moyen-courrier pour 2040 ou 2050, et tout cela a recommencé à stimuler mon âme d'explorateur. Imaginez qu'on puisse accomplir, avec un avion à hydrogène vert, le vol ultime, celui qui n'a jamais été réussi : le tour du monde sans escale et sans émission polluante. En cela, Climate Impulse représente mon coup de gueule contre le défaitisme de ceux qui croient qu'il n'y a pas de futur et pas de solutions. À l'heure où j'écris ce chapitre, l'avion est en construction dans les ateliers du navigateur Raphaël Dinelli, avec qui je partagerai le cockpit. Il devrait faire ses premiers vols en 2026, avant d'accomplir en 2028 le tour de la planète en neuf jours. L'avenir dira si nous arriverons à tenir les délais et le budget. Solar Impulse, lui, avait pris deux fois plus de temps et coûté quatre fois plus cher que prévu. C'est aussi ça, l'exploration.

Quel futur pour l'hydrogène, entre ceux qui en font une panacée et ceux qui pensent qu'on ne traversera jamais un océan avec des passagers ? Tout dépend du degré de disruption qu'on est prêt à imaginer. Je ne vois pas pourquoi on ne pourrait pas construire un avion suborbital, qui décollerait comme une fusée, avec des réacteurs brûlant de l'hydrogène liquide, pour monter à 100 kilomètres d'altitude et voler ensuite moteurs coupés de manière parabolique pour relier Paris à Sydney en deux heures. L'expérience d'apesanteur en bonus !

En attendant, on voit comme il est déjà difficile de changer les habitudes du contrôle aérien pour faire atterrir les avions en descente constante et économiser du kérosène, ainsi que pour électrifier les aéroports. Quel que soit le domaine, l'exploration se heurte aux tenants du *statu quo*.

En parallèle, la conquête spatiale continue, mais davantage sur la forme que sur le fond. Avant l'avion-fusée, avant la conquête de Mars, on se contente de refaire ce qui a déjà été fait moult fois, mais on essaye de le faire mieux. Richard Branson et Jeff Bezos ont lancé le tourisme suborbital, où des passagers peuvent revivre l'expérience d'Alan Shepard qui était monté à 80 kilomètres d'altitude avec la première capsule *Mercury* en 1961. L'admiration d'autrefois a cédé la place aux critiques écologiques et sociales : on parle de milliardaires qui se livrent à une compétition narcissique et polluante. Je me suis demandé ce que je ferais si on m'invitait à tenter une telle expérience. Mon cœur accepterait certainement, avec un bonheur indescriptible, mais mon esprit se laisserait-il tenter, alors qu'il y a tant de choses plus importantes à accomplir sur terre afin d'améliorer la qualité de vie de millions de gens ?

Je ne suis pas le seul à penser cela, puisque plusieurs entreprises américaines et européennes commencent à proposer de tels vols, mais en ballons stratosphériques, pour des touristes qui aimeraient voir la Terre depuis 30 kilomètres d'altitude. Ils ne redescendront bien sûr pas en chute libre comme Felix Baumgartner, mais pourront profiter d'une aventure écologique hautement spectaculaire.

Elon Musk construit des fusées utilisables plusieurs fois, qu'il fait réatterrir sur des plateformes avec une précision déconcertante. Les grands de l'espace se moquaient de lui avant qu'il ne réussisse. Encore une fois ! Aujourd'hui, c'est le secteur privé qui dessert la station spatiale internationale dans laquelle des astronautes sont en orbite permanente.

Notre monde est devenu dépendant des satellites dans tous les domaines, avec la création d'une véritable industrie de l'espace, pour les télécommunications, le positionnement GPS, l'agriculture, la surveillance et tant d'autres domaines. Mais qu'y a-t-il de vraiment révolutionnaire ? Le nouveau programme lunaire piétine sur terre. Notre époque de sophistication absolue n'arrive pas à refaire ce qu'*Apollo* avait réussi dans les années 1960. Il semble bien qu'on ne soit plus prêt à prendre autant de risques, et la technologie moderne est devenue trop compliquée comparée à l'inventivité d'autrefois. Il m'est aussi venu une idée désagréable. Comme la plus grande partie de l'humanité n'était pas née le 21 juillet 1969, beaucoup regarderont le prochain alunissage comme s'il s'agissait du premier, sans même se souvenir de Neil Armstrong et Buzz Aldrin. Quelle drôle d'époque ! Peut-être aussi que les intérêts ont changé. Il y a quelques années, je marchais avec Armstrong derrière un jeune homme que des centaines d'enfants applaudissaient, sans même reconnaître à sa suite le premier homme à avoir marché sur la Lune. Il s'agissait de Cristiano Ronaldo…

Alors, pour remettre de l'ambiance, des milliardaires de la Silicon Valley veulent sauver l'humanité en envoyant des milliers d'hommes et de femmes sur d'autres planètes. Ils pressentent le désastre climatique ou nucléaire à venir, peut-être même une collision avec un astéroïde, et veulent assurer la survie de notre espèce en créant des colonies extraterrestres. Ce ne seraient plus des aliens qui viendraient nous rendre visite, mais nous qui irions chez eux. J'adore l'exploration, vous l'aurez compris, mais là, je me demande quand même si nous ne faisons pas fausse route. Si nous sommes assez bêtes pour détruire notre planète, comment croire que nous ne détruirons pas aussi les astres sur lesquels nous émigrerons ? N'y a-t-il pas mieux à faire que d'aller vivre en scaphandre dans des bunkers aseptisés sur un amas de sable et de roches à des millions de kilomètres dans l'espace ? Alors que c'est de toute façon ce qui nous attend sur terre si nous n'explorons pas d'autres manières de mieux vivre, en harmonie avec la nature, pour éviter les changements climatiques.

La Lune est un satellite de notre planète, Mars un satellite du Soleil. Ce sera donc une étape supplémentaire, au plus haut point révolutionnaire, de poser le pied sur la planète rouge. Certains veulent y aller pour mieux comprendre l'origine de l'Univers. Science ou alibi ? Pour moi, le simple fait d'y aller se justifie par l'esprit d'exploration qu'il faut absolument continuer à développer. Volera-t-on directement depuis la Terre ? Passera-t-on par une base permanente installée sur la Lune ? Quoi qu'il en soit, ce ne sera pas qu'une expérience technologique, quand on voit que l'aller simple durera déjà neuf mois et qu'on ne sait pas encore comment redécoller sans arriver à fabriquer sur place le carburant nécessaire au retour. Le défi redevient humain, psychologique, et cela me plaît énormément.

Les derniers siècles furent si riches en explorations, en aventures et en découvertes qu'on peut légitimement se demander ce qu'il reste pour les prochains. Il est bien clair que l'exploration doit continuer, mais comment perpétuer l'esprit des pionniers et cultiver l'audace de ceux qui nous ont précédés ? Comment apporter encore une contribution à la construction d'un avenir meilleur ?

Des défis majeurs attendent aujourd'hui l'humanité. Ils ouvriront à la science de nouveaux horizons, mais leurs objectifs seront certainement moins de conquérir des territoires inconnus que de préserver la planète des menaces actuelles pour y améliorer la qualité de vie. Pauvreté, droits humains, santé, éducation, gouvernance, pollution, développement durable : autant de domaines qui n'évolueront qu'en remettant nos habitudes en question. Ce sera donc toujours de l'exploration au sens large du terme. Notre société n'arrive plus à aborder les questions existentielles sans s'écharper sur des doctrines sociales, morales ou religieuses ; les partis politiques présentent un paysage plus clivé que jamais ; les moyens de communication sophistiqués rendent les relations humaines trop superficielles et la mondialisation se développe au détriment des plus vulnérables. Notre monde consomme toutes les heures un million de tonnes de pétrole, sans parler des autres énergies fossiles, recrache dans l'atmosphère des émissions polluantes suffisantes pour perturber le climat et laisse la moitié de la population stagner dans des conditions de vie inacceptables. Et pourtant, chaque être humain, quelle que soit sa situation, a des rêves à accomplir, un chemin de vie à parcourir, un sens à trouver ou à retrouver, pour pouvoir s'épanouir. Chacun a en lui, plus ou moins enfoui, un potentiel à explorer pour avancer avec confiance sur le chemin de son évolution.

C'est là que devrait se situer l'exploration au XXIe siècle : dans l'humanisme et le développement des valeurs intérieures, individuelles autant que collectives. Le but ultime devrait être d'encourager l'esprit de pionnier, la curiosité et l'innovation dans la vie de tous les jours. Car la survie sur notre planète passe par la modification profonde de nombre de certitudes et habitudes. La protection de la nature devrait pouvoir se faire sans fanatisme écologique, l'initiative individuelle devrait être indissociable de la responsabilité sociale, le commerce, la finance et la politique devraient devenir éthiques, en cohérence avec les critères environnementaux, le respect devrait dépasser le niveau de valeur morale démodée et la spiritualité devrait pouvoir être vécue sans dogmatisme.

Utopique, me direz-vous ? En tout cas pas plus que de lancer un programme spatial au début des années 1960 pour envoyer des hommes sur la Lune. Mais pour entrevoir une chance de succès, il faut comprendre que la plus grande aventure d'aujourd'hui est d'améliorer le fonctionnement du monde. Voilà le message que doivent faire passer les explorateurs modernes. Nous sommes crédibles grâce à nos actions et notre connaissance de la nature et de la vie. Nous avons le pouvoir d'être écoutés par tous les grands de ce monde, par tous ceux qui devraient développer davantage d'esprit pionnier et de courage politique. Alors faisons-le, acceptons cette responsabilité. Pour que continue l'exploration et que s'épanouisse l'humanité. La conquête de l'air et de l'espace nous en a montré le chemin ; suivons-le aussi dans notre Ciel intérieur.

La vie passe crème

Sylvain Tesson

La légitimité biographique

Me voilà fort gêné d'apporter ma contribution à un ouvrage de la vénérable Société des explorateurs français dans la mesure où, de ma vie, je n'ai rien exploré. Ni cavité floquée de rhinocéros pariétaux, ni villes enfouies dans la jungle, ni sommets intouchés (sinon quelques piliers de la haute mer dont même les goélands rechignaient à faire leur perchoir). Tout juste me suis-je un peu sondé moi-même. Ce n'était pas décoiffant.

Car les tréfonds de l'âme n'ont rien d'une terre vierge ! Tous les êtres partagent le même tas de misérables secrets. Rien ne varie au cœur de l'homme. Comme les psychanalystes doivent s'ennuyer d'entendre toujours les mêmes tourments, les mêmes histoires ! Servis par des patients qui croient confier des choses stupéfiantes. Quelle purge que soi-même ! Et quel effroi que les êtres satisfaits de leur personne. Ils n'entendent pas l'écho du vide dans leur for intérieur.

Je n'ai pas même découvert d'insectes. L'entomologie : voilà pourtant un champ d'investigation qui laisse encore ses chances aux amateurs de postérité exploratoire. Deux ou trois cicindèles (petits scarabées aux élytres moirés) portent le nom d'Ernst Jünger. Et lui, le plus grand styliste allemand du XXe siècle, l'auteur de deux chefs-d'œuvre – *Sur les falaises de marbre* et *Chasses subtiles* –, voyait dans ces noms de baptême une gloire supérieure à l'immortalité littéraire. La vie lui avait appris la vanité des hommes et la magie des bêtes.

Notre époque est moins exigeante que le passé. C'est notre chance ! Quiconque dépasse le périphérique (extérieur) parisien peut prétendre au titre d'aventurier. Les générations précédentes étaient plus difficiles. Aujourd'hui, il suffit de prendre une bicyclette, de rouler de la porte d'Orléans à la porte d'Italie en passant par le Tibet pour être sacré « grand voyageur ». C'est ce que j'ai fait à vingt ans. Et j'ai suffisamment bénéficié des largesses morales de mon temps pour ne pas regimber aujourd'hui[1]. J'associe donc quelques impressions personnelles et souvenirs inédits à ceux de mes éminents confrères, plus légitimes que moi à l'appellation d'« explorateurs ».

Les illuminations existentielles

À présent que j'y pense, j'ai tout de même posé ma main, un jour, sur un lit de sable intouché, au milieu

1. Le seul qui ne fut pas dupe de mon illégitimité est l'écrivain Vladimir Volkoff. Je le rencontrai et lui appris – l'air faraud – que je venais de faire le tour du monde à bicyclette. Je guettais son admiration. Lui : « Tout garçon de vingt ans qui ne fait pas le tour du monde est à passer par les armes. » Brutal mais pas faux.

d'une paroi de 500 mètres de l'île de Socotra, devant les rouleaux d'écume du golfe d'Aden. Nous l'avions escaladée avec mon ami Daniel du Lac qui martelait ses pitons sous les surplombs du sommet. Devant la petite banquette de calcaire à peine assez large pour s'y allonger, je m'étais dit : « Voilà un arpent du monde jamais visité par l'homme, je vais y imprimer la marque de ma main, ainsi éprouverai-je en mon cœur l'impression adamique de fouler la virginité. » Je ne ressentis rien de tel. Tout juste eus-je l'impression de flétrir une page blanche. Ne m'aimant pas trop moi-même (misanthropie bien ordonnée commence par soi-même), je ne suis pas fanatique de mes propres empreintes.

De tous mes voyages, les plus baroques, les plus intenses, les plus enrichissants, ceux dont je me souviendrai sur mon lit d'agonie (sauf si mes souvenirs meurent avant moi) sont les ascensions en montagne. J'ai vécu sur les parois mes plus grandes joies, mes plus infernales saisons et mes plus évidentes illuminations. Relié à un camarade de cordée, j'ai compris la signification de l'amitié, sa valeur. L'amitié a sur l'amour la supériorité du diamant sur le caoutchouc. Moins élastique, plus durable, et transparente.

En outre, j'ai su que la montagne était le meilleur révélateur de l'homme. Mettez un matamore sur une falaise, il se décompose. En bas, le King ; en haut, lui-même. Demandez à un débardeur d'Anvers de grimper, il rechigne. La paroi est un papier de verre en même temps qu'un bain de vérité. Elle décape et vérifie.

Dans les années 1990, à vingt ans, je participais avec l'ancien directeur de mon école (un Frère des écoles chrétiennes) à des camps d'accueil de jeunes garçons en difficulté sociale, en échec scolaire. Bien que dépourvu de tout diplôme et bien qu'absolument rétif à toute théorie pédagogique, dans une joyeuse illégalité et une inconscience totale, je les emmenais grimper sur les Dentelles de Montmirail. Ils avaient cinq ou six ans de moins que moi. Et je me souviens que les plus timides d'entre eux se montraient souvent les plus capables, une fois sur la paroi. Le vide ne ment pas. Ni ne permet l'esbroufe.

Si je me demande ce que la paroi m'a appris de moi, le bilan n'est pas très noble. J'ai connu la peur en montagne. La vraie : hideuse.

En général, l'aventure consiste à partir débusquer sa peur. Et le récit de voyage, à faire croire qu'on ne l'a pas rencontrée. On rentre dépité de s'être découvert poltron. On se console en écrivant un récit où l'on parle de tout autre chose. Il y a du Tartarin (et du monsieur Perrichon) chez tout écrivain voyageur !

Je me souviens d'une nuit d'orage au sommet des Charmoz (tonnerre, grêle, éclairs, odeur de soufre). On avait voulu croire, avec mon compagnon de cordée, que les prévisions météorologiques n'étaient pas fiables, ou du moins pas faites pour nous et que, de toute façon, notre fortune contredirait toujours le pessimisme des bulletins. À 9 heures du soir, on fut dans l'œil du nuage. J'attendais que l'éclair me transperce le crâne. Je me souviens même d'avoir pensé ceci : « Si je suis frappé, j'espère que la foudre me tuera plutôt que de me laisser à peu près débile. » Terrifié, je m'étais recroquevillé contre le granite jusqu'à vouloir m'y incorporer comme un lichen, une araignée, un grain de feldspath. Ce qu'il ne faut pas faire. Les manuels de survie – que j'avais amplement potassés – préconisent de se tenir éloigné de la muraille en cas d'orage. Je soupçonne les auteurs de ces bréviaires de conduite en milieu hostile de les avoir écrits dans les jardins de Bagatelle, par une soirée de printemps, attablés devant un spritz. Je me suis enlaidi cette nuit-là parce que je me suis révélé.

L'accélérateur de particules

La paroi constitue une école de vie radicale, un accélérateur de l'être. Elle fait office à la fois d'aphrodisiaque des sens, de knout de l'esprit et de bain révélateur de l'âme. Tout le spectre des sentiments passe dans l'intervalle d'une ascension : les épreuves, les sensations et les états. L'alpinisme fait gagner du temps : en 300 mètres, on résume tout. C'est la compression quantique de l'existence en un seul effort.

Je soupçonne tous les aventuriers, ceux des bois, des mers, des cavernes, des sites de fouille ou des lignes de front, des cabinets d'artiste ou des chantiers gothiques, des nacelles d'aérostier ou des sièges éjectables, des égouts urbains ou des toits de Paris, des camps de réfugiés ou du pont des radeaux, oui ! je les soupçonne tous, ces coureurs d'horizon que j'ai eu la chance de rencontrer, de côtoyer, sans jamais oser me sentir des leurs, mais en étant heureux d'approcher leur sillage, je les soupçonne, dis-je, de chercher cette accélération vitale.

Dans l'aventure, ils précipitent le destin.

Dans le mouvement, ils intensifient la sensation.

Par le voyage, ils atteignent à la compréhension d'eux-mêmes.

En termes plus simples, ils cherchent à répondre à Socrate tout en obéissant à Mallarmé. « Connais-toi toi-même », dit le premier. « Fuir ! là-bas fuir ! » préconise le second. Les deux élans semblent contradictoires : l'un vous précipite en vous, l'autre vous propulse au-dehors. Mais il faut avoir tué tout romantisme en soi pour ne pas se souvenir que « le plus court chemin qui conduise à vous-même vous mène d'abord autour du monde[1] ».

Cette compression des impressions dans une réduction spatiale explique le succès actuel des sports de montagne. L'alpinisme de loisir est une pratique récente. Il date de la fin du XIXe siècle. Il correspond à l'urbanisation des sociétés industrielles, à l'uniformisation du monde et à la mécanisation de l'homme. L'alpinisme offre ce dont la vie dans les villes nous prive : autonomie du corps, effort gratuit, conquête de soi-même, risque consenti, exultation de l'âme. Il est l'antidote au désenchantement. Pan est mort ? Partez courir les bois. Vous trimez dans le béton ? Ressourcez-vous en altitude. L'administration vous désubstantialise ? Venez vivre « la liberté dans la montagne »[2].

Dans son dernier essai (en forme de testament intellectuel)[3], l'alpiniste Reinhold Messner avance une théorie encore plus humiliante. Pour lui, l'alpinisme en particulier et l'aventure en général sont des symptômes

1. « Chic ! Il cite Hermann von Keyserling », diront les lycéens attentifs qui seront arrivés jusqu'à ces lignes.

2. Les jeunes lecteurs qui ont la chance de ne pas posséder de téléphone portable et de pouvoir lire de la poésie auront reconnu une expression de Victor Hugo tirée des *Orientales*.

3. *Par vents contraires*, Glénat, 2025.

de décadence. Ou du moins les signaux inversés de la fatigue anthropologique moderne. Je crains qu'il n'ait raison. Plus les hommes se dessèchent dans les termitières du grand hospice occidental, plus ils aspirent aux horizons tempétueux. On rêve toujours de ce dont on manque. Un exemple : on invente le terme de « vivre-ensemble » quand tout le monde se déteste. Un autre exemple : on exalte l'aventure quand on vit en esclave. Dans les temps homériques, quand le monde entier restait à découvrir, il n'y avait pas de Société des explorateurs. Dans les temps héroïques, quand sortir de chez soi c'était livrer combat, on n'avait pas besoin de faire le tour de la Crète en patins à roulettes.

L'effet de contraste

Puis-je m'autoriser une anecdote alpinistique ? Elle paraîtra insignifiante. Elle fera pâle figure dans ce présent recueil où tant de cœurs aventureux s'expriment. Pour moi, elle compte beaucoup, car elle signale que l'aventure se prolonge après l'exploit, s'infuse dans la vie ordinaire et embellit les jours. Par effet de contraste, comme un copeau de chaga[1] plongé dans l'eau chaude et dont le principe actif se distille lentement.

Ces dernières années, j'ai eu la chance de réaliser de mythiques courses alpines. Mon ami le guide de haute montagne du Lac m'a convoyé en des parages dont mon niveau ne m'autorisait pas même à rêver. Nous avons

1. Champignon du bouleau dont on préconise la consommation contre les erreurs de posologie de vodka.

tour à tour gravi la Walker dans la face nord des Grandes Jorasses, déployée comme une chauve-souris à la source de la mer de Glace, l'Intégrale de l'arête de Peuterey qui raye la face italienne du Mont-Blanc et le fantastique pilier de Frêney. La seule évocation de ces noms flatte ma névrose narcissique. C'est l'un des motifs de l'alpinisme : accrocher à sa propre mâture les fanions de ses conquêtes.

Mais ces trois ascensions, qui n'avaient rien d'exploratoire et pas grand-chose d'aventureux, eurent une autre fonction. Elles me permirent de conjurer les tourments physiques dont la chute d'un toit m'avait affligé. Lorsque, par une nuit d'été 2014, j'étais arrivé en vingt-six morceaux sur un lit d'hôpital, plongé dans le coma, les urgentistes ne donnèrent pas cher de ma capacité à porter un jour à ma bouche une cuillère de compote avec ma propre main. Six ans plus tard, je bivouaquais calmement avec du Lac dans la Walker, en pleine paroi.

Quand nous débouchâmes au sommet des Grandes Jorasses le jour suivant à 4 heures de l'après-midi, le grésil nous accueillit d'une bonne paire de gifles. On dégringola vers l'Italie dans le couloir Whymper. La nuit tomba et nous bivouaquâmes dans les rochers surplombant le glacier de Planpincieux, à deux heures de marche du refuge Boccalatte. La grêle pouvait tomber, le thermomètre descendre. Rien ne me concernait ; je flottais dans mon ivresse d'avoir grimpé la Walker. Ainsi de l'aventure : plaisir de l'imaginer, exaltation de la vivre, bonheur de s'en souvenir. Trigonométrie temporelle.

Le lendemain matin, nous nous réveillâmes couverts de givre bleu, ivres de la nuit blanche. Le téléphone portable de du Lac sonna frénétiquement. Notre ami Ludovic Escande, éditeur chez Gallimard, tentait de nous joindre pour nous rappeler que nous devions dîner chez moi, le soir même à Paris, avec Bruno.

Bruno occupait alors un poste de ministre dans un gouvernement fort oublié de la Ve République (l'avantage des démocraties électorales par rapport aux institutions de type habsbourgeois est que la rapidité de remplacement du personnel politique empêche toute lassitude). Mais Bruno était surtout à nos yeux un écrivain profond et nous ne comprenions pas pourquoi il s'attachait vainement à vouloir peser sur le cours des destinées humaines au lieu de s'occuper des héros de ses romans[1].

Du Lac et moi, élevés dans les canons de l'ancien temps, n'aimons pas annuler nos rendez-vous. Du Lac me dit : « À quelle heure, le dîner ? »

Moi : « À 8 heures, ce soir, c'est une catastrophe. »

Lui : « Pas de problème, on y sera. »

Je raccrochai. Il était 5 heures du matin, nous étions à 3 800 mètres d'altitude, sous une bâche de survie, légèrement en contrebas du sommet des Jorasses. Nous nous ruâmes dans la vallée. De ma vie, je ne me souviens pas d'une course aussi éperdue. La fatigue de l'ascension s'était volatilisée. Hâves, vêtus de nos hardes, puant comme des bouquctins mouillés, on dégringola dans les pentes. En bas, on prit des taxis, des trains, des autobus, et le soir à 8 heures, à peine récurés, nous reçûmes le ministre avec chapons et vins de Loire dans mon appartement du Quartier latin.

Seules nos mains blessées signalaient que, le matin même, nous étions au bivouac au-dessus d'un glacier

1. Bruno Le Maire travaillait alors à son roman *Fugue Américaine*, Gallimard, 2023.

italien du massif du Mont-Blanc. On parla de musique russe, de Nabokov, du pianiste Horowitz, des doigts de Chopin et des carnets obscurs de Dostoïevski. On fuma du tabac nicaraguayen en se souvenant que les Russes mieux que les autres font coexister en eux le saint et le truand. Bruno tout juste constata-t-il que nous n'arrivions pas à tenir correctement la bouteille de vin dans nos mains écorchées.

Ce jour-là, nous avions réalisé deux courses en face nord. L'une dans la montagne, l'autre contre le temps. L'alpinisme aplanit les difficultés de la vie ordinaire. On s'esquinte dans les parois. Quand on redescend, tout semble facile.

L'aventure, c'est l'acceptation du pire. Ensuite, la vie passe crème.

Remerciements

Olivier Archambeau, président de la Société des explorateurs français et Patrice Franceschi, président d'honneur, tiennent à remercier l'équipe des Éditions Robert Laffont pour l'engagement de chacun dans la réalisation de ce livre, et tout particulièrement Anne-Laure Heugel pour son travail de coordinatrice éditoriale auprès de nous.

Table des matières

pcа
cmb
édition pré-presse
livres numériques

44400 Rezé

Impression réalisée par
CPI Brodard & Taupin
en août 2025

Robert Laffont

Imprimé en France sur du papier issu de forêts gérées durablement.

N° d'édition : 68346/01 – N° imprimeur : 3062190

Imprimé en France